La Búsqueda Rápida

de Trabajo

Probadas Técnicas para Encontrar Trabajo en Menos Tiempo

The
Quick
Job Search

Proven Techniques for Finding a Job in Less Time

by
J. Michael Farr

About the Author

Mike Farr has authored a variety of books on job-seeking skills that have sold over 700,000 copies. He specializes in techniques that get results and has trained thousands of instructors to teach more effective job seeking skills. Other books by the author include:

- *Job Finding Fast.* A most thorough text-workbook providing substantial information and activities in the areas of self-exploration, career decision making and job seeking. $10.95
- *Getting The Job You Really Want.* A text-workbook covering the same topics as *Job Finding Fast* in a shorter, easy-to-read format. Also contains information on job survival and success. $8.25
- *The Work Book.* A standard feature of many results-oriented job search programs. Over 300,000 sold. $9.95
- *The JIST Job Search Course: A Young Person's Guide to Getting and Keeping a Good Job.* A job search text-workbook.

The publisher provides a free catalog containing over 600 items of career and job search materials to qualified institutions and instructors. Quantity prices for *The Quick Job Search* are also available, as are instructor's guides for the books listed above. Reorder number: 5014

Production Supervisor/Interior Design: Spring Dawn Reader • **Editor:** Sara Hall • **Cover Design:** Kerry Causey • **Composition:** Rachel Daeger • **Translator:** Luis Palacios • **Copy Editor and Proofreader:** Mary Conwell

JIST Works, Inc. • **720 North Park Avenue** • **Indianapolis, IN 46202**
317/264/3720 • **800/648/JIST** • **FAX 317/264/3709**

99 98 97 96 95 94 93   9 8 7 6 5 4 3 2

ISBN: 1-56370-061-1

Sobre el autor

Mike Farr ha escrito una variedad de libros sobre habilidades para buscar empleo que han vendido más de 700,000 ejemplares. Él se especializa en técnicas que dan resultado y ha entrenado a miles de instructores para enseñar las habilidades más efectivas para la búsqueda de trabajo. Otros libros del autor incluyen:

- *Job Finding Fast.* Un manual completo que proporciona información sustancial y actividades en las áreas de auto-exploración, decisiones sobre la carrera y búsqueda de empleo. $10.95
- *Getting The Job You Really Want.* Un manual que cubre los mismos temas que *Job Finding Fast* en un formato más breve y de fácil lectura. También contiene información sobre supervivencia y éxito en el empleo. $8.25
- *The Work Book.* Obra clásica en muchos programas de búsqueda de empleo con énfasis en los resultados. Más de 300,000 ejemplares vendidos. $9.95
- *The JIST Job Search Course: A Young Person's Guide to Getting and Keeping a Good Job.* Un manual de búsqueda de empleo.

El editor proporciona un catálogo gratuito que incluye más de 600 títulos de materiales sobre carreras y búsqueda de empleo a instituciones e instructores calificados. También se ofrecen precios especiales para pedidos múltiples de *The Quick Job Search,* al igual que guías para instructores sobre los libros mencionados.

Supervisora de producción diseño de interior: Spring Dawn Reader • **Editora:** Sara Hall • **Diseño de cubierta:** Kerry Causey • **Composición:** Rachel Daeger • **Traductor:** Luis Palacios • **Editora de Manuscritos y Correctora de Pruebas:** Mary Conwell

JIST Works, Inc. • 720 North Park Avenue • Indianapolis, IN 46202

317/264/3720 • **800/648/JIST** • **FAX 317/264/3709**

99 98 97 96 95 94 93   9 8 7 6 5 4 3 2

ISBN: 1-56370-061-1

La Búsqueda Rápida de Trabajo

The Quick Job Search

Como Buscar Empleo con Rapidez

No es fácil hallar un empleo. Pero las investigaciones han demostrado que mediante el uso de los métodos correctos, la mayoría de las personas puede reducir el tiempo que toma hallarlo. Estas personas también tienden a ganar más y a estar más satisfechos con los empleos que consiguen. Usted también puede lograrlo. Este libro está diseñado para cubrir los elementos básicos de la búsqueda de empleo. Los temas cubiertos están basados en cuidadosas investigaciones y muchos años de experiencia. El libro cubre las técnicas que dan mejores resultados y reducen el tiempo que toma conseguir un empleo.

Por supuesto, le ofrece muchas cosas más que aprender sobre la búsqueda de empleo. Existen muchos libros sobre el tema, y algunos son mejores que otros. Al inicio de este libro se mencionan otras obras del autor.

Pero no se conforme con leer sobre la búsqueda de un empleo. ¡La mejor manera de conseguir un empleo es salir a buscar entrevistas! Y la mejor manera de conseguir entrevistas es dedicarse a la tarea de buscar un empleo. La finalidad de este libro es ayudar a que lo logre.

Estos son los seis pasos básicos para una rápida y exitosa búsqueda de empleo:

1. Conozca sus habilidades.
2. Tenga un objetivo claro.
3. Sepa como y donde buscar.
4. Pase por lo menos 25 horas semanales buscando empleo.
5. Consiga dos entrevistas diarias.
6. Mantenga abiertos sus contactos.

Conozca Sus Habilidades

Una encuesta entre empleadores halló que el 90 por ciento de las personas entrevistas no podía explicar sus habilidades. No pudieron responder a la pregunta "¿Por qué debería contratarlo?"

Saber en qué es bueno uno es muy importante en las entrevistas. Esto también lo ayuda a decidir qué tipo de empleo disfrutará más y desempeñará mejor. La mayoría de las personas creen que las "habilidades" son destrezas relacionadas con el empleo. Una secretaria, por ejemplo, necesita mecanografiar. Pero todos tienen otras habilidades que son muy importantes para triunfar en un empleo. Las dos más importantes son auto-administración y las habilidades transferibles.

Habilidades de Auto-Administración

Escriba tres cosas sobre sí mismo que usted crea que lo hacen un buen trabajador.

1. _____
2. _____
3. _____

¡Las cosas que escribió podrían ser las más importantes que un empleador necesite saber de usted! Éstas tienen que ver con su personalidad básica, su habilidad para desempeñarse en un nuevo ambiente. Éstas son algunas de las cosas más importantes que puede presentar en una entrevista.

Revise la lista siguiente y marque en el espacio correspondiente cualquier habilidad que tenga. Cuando termine con la lista, marque con un círculo las cinco habilidades que usted considere que son más importantes. El primer grupo, Habilidades Fundamentales, corresponde a aquéllas que los empleadores encuentran particularmente importantes. Si marcó una o más de las Habilidades Fundamentales, mencionarlas en una entrevista le será de gran ayuda.

How to Make Your Job Search Quick

It's not easy finding a job. But research has proven that by using the right methods, most people can reduce the time it takes to find one. They also tend to earn a little more and be a little more satisfied with the jobs they find. So can you.

This book is designed to cover the basics of looking for work. The topics it covers are based on sound research and many years of experience. It covers the job search techniques that work best and reduce the time it takes to get a job.

There is, of course, much more you can learn about looking for a job. There are many books on the subject, and some are better than others. Other books by the author are listed at the front of the book.

But don't just read about looking for a job. The best way to get a job is to go out there and get interviews! And the best way to get interviews is to make a job out of getting a job. That's what this book will help you do.

Here are the six basic steps of a quick and successful job search:

1. Know your skills.
2. Have a clear job objective.
3. Know where and how to look.
4. Spend at least 25 hours a week looking.
5. Get two interviews a day.
6. Follow up on all contacts.

Know Your Skills

One survey of employers found that 90 percent of the people they interviewed could not explain their skills. They could not answer the question "Why should I hire you?"

Knowing what you are good at is very important in interviewing. It also helps you decide what type of job you will enjoy and do well. Most people think of "skills" as job related skills. A secretary, for example needs to type. But everyone has other skills that are very important to success on a job. The two most important are self-management and transferable skills.

Self-Management Skills

Write down three things about yourself that you think make you a good worker.

1. _____
2. _____
3. _____

The things you wrote down may be the most important things for an employer to know about you! They have to do with your basic personality, your ability to manage yourself in a new environment. They are some of the most important things to bring up in an interview.

Review the following list and put a checkmark beside any skills you have. After you are done with the list, circle five skills you feel are most important. The first group, Key Skills, are ones that employers find particularly important. If one or more of the Key Skills apply to you, mentioning them in an interview can help you greatly.

Habilidades

Habilidades Fundamentales

___ acepta la supervisión

___ es sincero

___ buena asistencia

___ es trabajador

___ es cumplido

___ se lleva bien con
      sus compañeros

___ es productivo

___ es puntual

Otras Habilidades

___ es ambicioso

___ es metódico

___ es alegre

___ naturalidad

___ es concienzudo

___ originalidad

___ confiable

___ fortaleza física

___ eficiencia

___ confiabilidad

___ expresividad

___ confianza en sí mismo

___ es amigable

___ resuelve problemas

___ humildad

___ tacto

___ habilidoso

___ digno de confianza

___ intuitivo

___ se enorgullece de su trabajo

___ madurez

___ es capaz

___ motivación

___ termina asignaciones

___ optimismo

___ creatividad

___ persistencia

___ es afanoso

___ leal

___ entusiasmo

___ responsabilidad

___ es formal

___ sinceridad

___ servicial

___ constancia

___ independencia

___ ahorrativo

___ inteligente

___ bien organizado

___ es asertivo

___ modestia

___ competencia

___ mentalidad abierta

___ es capaz de coordinar

___ paciencia

___ discreción

___ practica nuevas habilidades

___ con mucha energía

___ con muchos recursos

___ flexibilidad

___ sentido del humor

___ afabilidad

___ espontaneidad

___ imaginativo

___ tenacidad

___ informal

___ versatilidad

___ aprende con rapidez

Otras habilidades similares que usted tenga:

_____ _____ _____

_____ _____ _____

_____ _____ _____

_____ _____ _____

■ *Nota:* Algunas personas encuentran útil completar la sección llamada "Información Esencial para la Búsqueda de Empleo" en la página 31. Aquéllos de ustedes que tengan experiencia laboral podrían encontrar útil el uso de esa sección para enumerar sus habilidades y logros en empleos previos y otras experiencias. Entonces tendrán una mejor idea de qué habilidades querrían usar en su próximo empleo.

Skills

Key Skills

___ accept supervision

___ honest

___ good attendance

___ hard worker

___ get things done on time

___ get along with
    co-workers

___ productive

___ punctual

Other Skills

___ ambitious

___ methodical

___ cheerful

___ natural

___ conscientious

___ original

___ dependable

___ physically strong

___ efficient

___ reliable

___ expressive

___ self-confident

___ friendly

___ solve problems

___ humble

___ tactful

___ industrious

___ trustworthy

___ intuitive

___ take pride in work

___ mature

___ capable

___ motivated

___ completes assignments

___ optimistic

___ creative

___ persistent

___ eager

___ loyal

___ enthusiastic

___ responsible

___ formal

___ sincere

___ helpful

___ steady

___ independent

___ thrifty

___ intelligent

___ well organized

___ assertive

___ modest

___ competent

___ open minded

___ able to coordinate

___ patient

___ discreet

___ practice new skills

___ energetic

___ resourceful

___ flexible

___ sense of humor

___ good natured

___ spontaneous

___ imaginative

___ tenacious

___ informal

___ versatile

___ learn quickly

Other similar skills you have:

_____   _____   _____

_____   _____   _____

_____   _____   _____

_____   _____   _____

■ *Note:* Some people find it helpful to complete the section called "Essential Job Search Data" on page 32. Those of you with work experience may find it helpful to use that section to list your skills and accomplishments from previous jobs and other life experiences. Then you will have a better idea what skills you have that you may want to use on your next job.

Habilidades Transferibles

Éstas son habilidades que usted puede transferir de un empleo o carrera a otro. Algunas son más importantes en un empleo que en otro. Su éxito requiere que usted encuentre un empleo que necesite las cualidades que usted posee.

Marque en la siguiente lista las habilidades que tenga. Probablemente las haya usado en un empleo previo o en alguna situación no laboral. Cuando termine, marque con un círculo las cinco habilidades que usted crea que son las más importantes para su nuevo empleo.

Habilidades Fundamentales

___ instrucciones a otros	___ negociar	___ administrar dinero, presupuesto
___ organizar/administrar	___ administrar personas	___ oratoria
___ cumplir con plazos	___ habilidades de redacción	___ atender al público

Trabajo con Objetos

___armar objetos	___observar/inspeccionar	___manejar herramientas, máquinas
___construir cosas	___levantar/reparar edificios	___reparar objetos
___manejar, operar vehículos	___usar equipo complejo	___bueno con las manos

Trabajo con Información

___ analizar información	___ evaluar	___ intervención de cuentas
___ investigar	___ presupuestar	___ mantener archivos financieros
___ calcular/computar	___ ubicar respuestas, información	___ verificar exactitud
___ administrar dinero	___ clasificar objetos	___ observar/inspeccionar
___ comparar	___ registrar hechos	___ compilar
___ investigar	___ contar	___ sintetizar
___ orientado a los detalles	___ hacer inventarios	

Trabajo con Personas

___ aconsejar	___ paciencia	___ administrar
___ perceptividad	___ atender	___ persuadir
___ hacer frente a otros	___ agradable	___ aconsejar a personas
___ sensibilidad	___ demostrar	___ sociable
___ diplomático	___ supervisar	___ ayudar a otros
___ considerado	___ instrucción	___ enseñanza
___ entrevistar a personas	___ tolerante	___ amable
___ tenaz	___ escuchar	___ confiar
___ negociar	___ comprender	___ extrovertido

Transferable Skills

These are skills you can transfer from one job or career to another. Some are more important in one job than another. Your success requires you to find a job that needs the skills you have.

Put a check beside the skills in the following list that you have. You may have used them in a previous job or in some non-work setting. When done, circle the five skills you feel are most important to use in your next job.

Key Skills

___ instructing others	___ negotiating	___ managing money, budget
___ organizing/managing projects	___ managing people	___ public speaking
___ meeting deadlines	___ written communication skills	___ meeting the public

Working with Things

___assemble things	___observe/inspect	___build things
___operating tools, machines	___construct/repair building	___repair things
___drive, operate vehicles	___use complex equipment	___good with hands

Working with Data

___ analyze data	___ evaluate	___ audit records
___ investigate	___ budgeting	___ keep financial records
___ calculate/compute	___ locate answers, information	___ check for accuracy
___ manage money	___ classify things	___ observe/inspect
___ compare	___ record facts	___ compile
___ research	___ count	___ synthesize
___ detail oriented	___ take inventory	

Working with People

___ advise	___ patient	___ administer
___ perceptive	___ care for	___ persuade
___ confront others	___ pleasant	___ counsel people
___ sensitive	___ demonstrate	___ sociable
___ diplomatic	___ supervise	___ help others
___ tactful	___ instruct	___ teaching
___ interview people	___ tolerant	___ kind
___ tough	___ listen	___ trusting
___ negotiate	___ understanding	___ outgoing

Trabajo con Palabras e Ideas

___ articulado

___ ingenioso

___ crea nuevas ideas

___ recuerda información

___ investigación de biblioteca

___ inventivo

___ se relaciona con otros

___ buen orador

___ edición

___ se comunica verbalmente

___ lógico

___ diseño

___ redacta con claridad

Dirección

___ organiza funciones sociales

___ motiva a otras personas

___ sabe delegar

___ orientado a resultados

___ influye sobre otros

___ confiado en sí mismo

___ administra o dirige a otras personas

___ mediador en problemas

___ decisivo

___ planificación

___ explica cosas a los demás

___ dirige reuniones

___ toma decisiones

___ resuelve problemas

___ competitivo

___ negocia acuerdos

___ dirige a otros

___ sabe correr riesgos

___ inicia nuevas tareas

___ auto-motivado

Creativo/Artístico

___ artístico

___ presenta ideas artísticas

___ actuar

___ expresividad

___ dibujo, arte

___ baile, movimiento corporal

Otras habilidades similares que usted tenga:

_____

_____

_____

_____

_____

Habilidades Requeridas Para el Empleo

Éstas son habilidades que usted necesita para desempeñarse en un empleo en particular. Por ejemplo, un carpintero necesita saber como usar diferentes herramientas y estar familiarizado con una variedad de tareas relacionadas con ese empleo. Use el espacio que se ofrece a continuación para describir las habilidades que usted haya adquirido en empleos previos, pasatiempos, capacitación u otras experiencias de vida. Use hojas separadas para cada grupo de habilidades relacionadas con el empleo según sea necesario.

_____   _____   _____

_____   _____   _____

_____   _____   _____

_____   _____   _____

_____   _____   _____

Working with Words, Ideas

___ articulate

___ library research

___ create new ideas

___ remembering information

___ ingenious

___ inventive

___ correspond with others

___ public speaking

___ edit

___ communicate verbally

___ logical

___ design

___ write clearly

Leadership

___ arrange social functions

___ motivate people

___ delegate

___ results oriented

___ influence others

___ self-confident

___ manage or direct others

___ mediate problems

___ decisive

___ planning

___ explain things to others

___ run meetings

___ make decisions

___ solve problems

___ competitive

___ negotiate agreements

___ direct others

___ risk taker

___ initiate new tasks

___ self-motivate

Creative/Artistic

___ artistic

___ present artistic idea

___ perform, act

___ expressive

___ drawing, art

___ dance, body movement

Other similar skills you have:

_____

_____

_____

_____

_____

Job Content Skills

These are the skills you need to do a particular job. A carpenter, for example, needs to know how to use various tools and be familiar with a variety of tasks related to that job. Use the space below to list the special job content skills you have from previous jobs, hobbies, training or other life experiences. Use separate sheets for each group of related job content skills as needed.

Tenga un Claro Objetivo de Empleo

Aunque no tenga un título específico de empleo, usted debe saber el tipo de cosas que desea hacer y en las que es bueno, antes de iniciar la búsqueda de empleo. Esto significa definir el trabajo en vez de un trabajo. Si tiene una buena idea del tipo de empleo que desea, responder a las siguientes preguntas lo ayudará a tener una definición aún más clara de lo que desea.

Cuestionario Sobre Objetivos de Empleo

■ ¿Qué habilidades tiene usted que desearía emplear? Elija las cinco más importantes de listas anteriores que usted disfrute usar y que quiera usar en su próximo empleo.

1. _____

2. _____

3. _____

4. _____

5. _____

■ ¿Qué tipo de conocimiento especial tiene que podría usar en su próximo empleo? Tal vez sepa como reparar radios, mantener registros de contabilidad o cocinar. Anote las cosas que sabe de educación, capacitación, pasatiempos, experiencias familiares y otras fuentes. Tal vez una o más de ellas podría convertirlo en un candidato muy especial en el ambiente adecuado.

_____

_____

_____

_____

_____

■ ¿Con qué tipo de personas prefiere trabajar? ¿Prefiere trabajar solo, formar parte de un grupo o supervisar a otras personas?

_____

_____

_____

_____

■ ¿Qué tipo de ambiente de trabajo prefiere? ¿Le gusta trabajar en el interior, al aire libre, en un lugar tranquilo, un lugar muy atareado, tener una ventana con una vista hermosa?

_____

_____

_____

_____

Have a Clear Job Objective

Even if you don't have a specific job title, you must know the type of things you want to do and you are good at before you start your job search. This means defining the job rather than a job. If you already have a good idea of the type of job you want, answering the following questions will help you define it even more clearly.

Job Objective Questionnaire

■ What skills do you have that you want to use? Select the top five skills from the previous lists that you enjoy using and want to use in your next job.

1. _____
2. _____
3. _____
4. _____
5. _____

■ What type of special knowledge do you have that you might use in your next job? Perhaps you know how to fix radios, keep accounting records or cook food. Write down the things you know about from schooling, training, hobbies, family experiences and other sources. Perhaps one or more of them could make you a very special applicant in the right setting.

_____

_____

_____

_____

_____

■ What type of people do you prefer to work with? Do you prefer to work by yourself, to be part of a group or to supervise others?

_____

_____

_____

_____

_____

■ What type of work environment do you prefer? Do you want to work inside, outside, in a quiet place, a busy place, a clean place, have a window with a nice view?

_____

_____

_____

_____

_____

■ ¿Dónde desea que esté ubicado su próximo empleo? ¿Qué ciudad o región? ¿Cerca de una ruta de ómnibus? Si está abierto a vivir o a trabajar en otros lugares, ¿cómo sería su comunidad ideal?

_____

_____

_____

_____

_____

■ ¿Cuánto dinero desea ganar en su próximo empleo? Muchas personas aceptarían menos dinero si el trabajo es mejor en otros aspectos—o para sobrevivir. Piense en la cantidad mínima que aceptaría y en cuánto querría ganar finalmente. Su próximo empleo estará probablemente en una cantidad intermedia.

_____

_____

_____

_____

■ ¿Cuánta responsabilidad está dispuesto a aceptar? Usualmente, mientras más dinero quiera ganar, usted debe aceptar mayor responsabilidad. ¿Desea trabajar solo, formar parte de un grupo o ser el encargado? De ser así, ¿en qué nivel?

_____

_____

_____

_____

_____

■ ¿Qué cosas son importantes o son significativas para usted y que preferiría incluir como una base para el trabajo que hace? Por ejemplo, algunas personas trabajan para ayudar a otros, algunas para limpiar nuestro medio ambiente, construir cosas, hacer que funcionen maquinarias, obtener poder o prestigio, o cuidar de animales o plantas. Piense en que es importante para usted y como podría incluir esto en su próximo empleo.

_____

_____

_____

_____

_____

■ Where do you want your next job to be located—what city or region? Near a busline? If you are open to live or work anywhere, what would your ideal community be like?

_____

_____

_____

_____

_____

■ How much money do you hope to make in your next job? Many people will take less money if the job is great in other ways—or to survive. Think about the minimum you would take as well as what you would eventually like to earn. Your next job will probably be somewhere between.

_____

_____

_____

_____

_____

■ How much responsibility are you willing to accept? Usually, the more money you want to make, the more responsibility you must accept. Do you want to work by yourself, be part of a group, or be in charge? If so, at what level?

_____

_____

_____

_____

_____

■ What things are important or have meaning to you that you would prefer to include as a basis of the work you do? For example, some people work to help others, some to clean up our environment, build things, make machines work, gain power or prestige, or care for animals or plants. Think about what is important to you and how you might include this in your next job.

_____

_____

_____

_____

_____

Su Empleo Ideal

Use los puntos indicados anteriormente para ayudarlo a definir su empleo ideal. Piense en cada uno de ellos y seleccione los más importantes para usted. Escríbalos en una hoja separada.

Si necesita ayuda para imaginar que tipo de trabajo buscar, recuerde que la mayoría de las áreas tienen servicios gratuitos de asesoría de carreras y evaluación. Póngase en contacto con agencias del gobierno local y escuelas que ofrezcan servicios de referencia. Evite usar un título de empleo que sea muy limitado, como "secretaria" o "programador de COBOL." Mejores objetivos podrían ser "Administrador general de oficina" o "Programación/Análisis de Sistemas."

La mayor parte de las bibliotecas cuentan con copias del *Occupational Outlook Handbook* que ofrece excelente información sobre más de 200 de los empleos más populares. La lectura de este manual lo ayudará a mantener abiertas sus opciones. Muchos empleos interesantes necesitan de una persona con sus habilidades, pero tienen títulos de empleo que usted podría no haber considerado. Cuando usted sepa con claridad que tipo de empleo desea, escríbalo en el siguiente espacio.

Mi Objetivo de Empleo

_____

_____

_____

_____

_____

Sepa Donde y Como Buscar

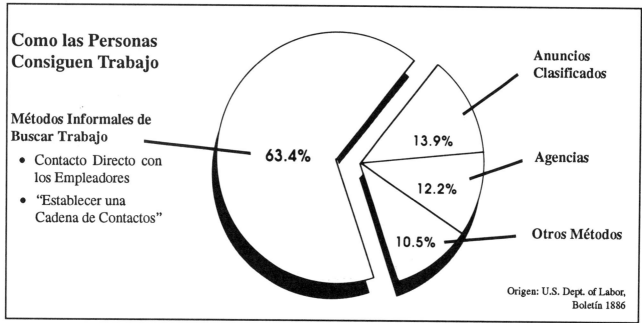

Como las Personas Consiguen Trabajo

Métodos Informales de Buscar Trabajo

- Contacto Directo con los Empleadores
- "Establecer una Cadena de Contactos"

63.4%

Anuncios Clasificados

13.9%

Agencias

12.2%

Otros Métodos

10.5%

Origen: U.S. Dept. of Labor, Boletín 1886

Una encuesta determinó que el 85 por ciento de todos los empleadores nunca colocan anuncios. Estos contratan a personas que ya conocen, que se enteran de los empleos a través de otras personas, o que simplemente se encuentran en el lugar indicado en el preciso momento. Algunas veces esto es pura suerte, pero este libro le enseñará la manera de aumentar su "suerte" en la búsqueda de ofertas de empleo.

La tabla muestra que menos del 15 por ciento de los solicitantes consiguen empleo a través de la lectura de anuncios. Veamos rápidamente los anuncios de oferta de empleo y otros métodos tradicionales de búsqueda de empleo.

Your Ideal Job

Use the points above to help you define the ideal job for you. Think about each one and select the points that are most important to you. Write them on a separate piece of paper.

If you need help figuring out what type of job to look for, remember that most areas have free or low cost career counseling and testing services. Contact local government agencies and schools for referrals.

Avoid a job title that is too narrow, like "secretary" or "COBOL Programmer." Better objectives might be "General Office/Office Manager" or "Programming/Systems Analysis." Most libraries have a copy of the Occupational Outlook Handbook which gives excellent information on over 200 of the most popular jobs. Reading it will help you keep your options open. Many interesting jobs will need a person with your skills, but have job titles that you may not have considered. When you are clear about what type of job you want, write it in the following spaces.

My Job Objective

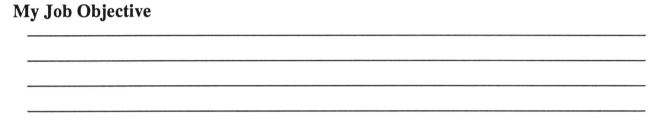

Know Where and How to Look

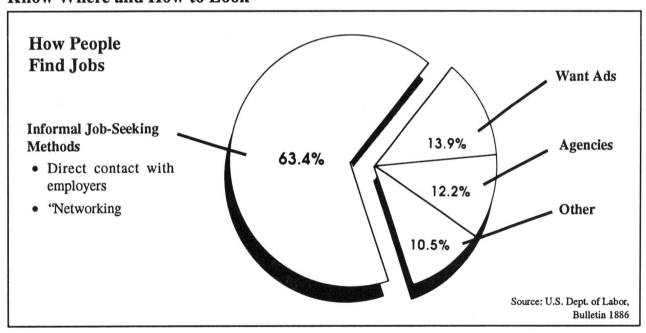

How People Find Jobs

Informal Job-Seeking Methods
- Direct contact with employers
- "Networking

63.4%

Want Ads 13.9%

Agencies 12.2%

Other 10.5%

Source: U.S. Dept. of Labor, Bulletin 1886

One survey found that 85 percent of all employers don't advertise at all. They hire people they already know, who find out about the jobs through word of mouth, or they simply happen to be at the right place at the right time. This is sometimes just luck, but this book will teach you ways to increase your "luck" in finding job openings.

The chart above shows that fewer than 15 percent of all job seekers get jobs from reading the want ads. Let's take a quick look at want ads and other traditional job search methods.

Métodos Tradicionales de Búsqueda de Empleo

- **Anuncios de Oferta de Empleos:** Todos los que leen periódicos se enteran de estas ofertas de empleo, por lo que la competencia por estos puestos es intensa. Aun así, algunas personas consiguen empleo de esta manera, de manera que vaya y presente su solicitud. Simplemente, asegúrese de pasar la mayor parte de su tiempo usando métodos más efectivos.

- **El Servicio Estatal de Empleos:** Usualmente llamado la "Oficina de Desempleo," ofrece referencias gratuitas para empleos. Sólo alrededor del 5 por ciento de los solicitantes consigue empleo por este medio. Este servicio sabe por lo general de sólo una décima parte (o menos) de los empleos disponibles en su área. Sin embargo, vale la pena hacerle una visita semanal. Si puede ver al mismo consejero, podría causar una impresión lo suficientemente buena como para que lo recuerde y lo refiera a mejores oportunidades.

- **Agencias Privadas de Empleo:** Uno de cada 20 solicitantes consigue empleo a través de una agencia privada. Esto significa que el 95 por ciento no lo hace. Estas agencias cobran honorarios a usted (¡a veces hasta el 20 por ciento de su salario anual!) o al empleador. La mayor parte de estas agencias llama a los empleadores preguntando si tienen vacantes, algo que usted mismo podría hacer. Salvo que usted tenga habilidades por las que haya una gran demanda, probablemente le irá mejor si hace la búsqueda por su cuenta. Y así ahorrará dinero...

- **Envío de *Curriculum Vitae*:** ¡Una encuesta halló que usted tendría que enviar por correo más de 500 *curriculum vitae* no solicitados para que se le conceda una entrevista! Un método mucho mejor es ponerse en contacto por teléfono con la persona que podría contratarlo para establecer directamente una entrevista, y luego enviar el *curriculum vitae*. Si usted insiste en enviarlo sin que se lo soliciten, hágalo durante los fines de semana—reserve su "mejor tiempo" para técnicas más efectivas de búsqueda de empleo.

- **Llenar Formularios de Solicitud:** La mayoría de las solicitudes son empleadas para revisar sus antecedentes. Las organizaciones más grandes podrían exigirlos, pero recuerde que su objetivo es conseguir una entrevista, y no dedicarse a llenar solicitudes. Si va a llenar una, hágalo de manera ordenada, sin errores, y no incluya nada que podría eliminarlo. De ser necesario, deje en blanco cualquier sección que le podría ocasionar problemas. Esto podría ser explicado después de que se le haga una oferta.

- **Departamentos de Personal:** Es muy difícil que alguien sea contratado por algún empleado del departamento de personal. Su trabajo es hacer una selección de los "mejores" candidatos y presentar la lista a la persona que va a supervisar al candidato contratado. Lo mejor es cooperar con ellos, pero por lo general se obtienen mejores resultados acudiendo directamente a la persona que más probable lo supervise, aun cuando no haya una vacante abierta en el momento.

> ***Recuerde que la mayor parte de las organizaciones no tienen una oficina de personal, ¡sólo las más grandes!***

Métodos Informales de Búsqueda de Empleo

La tabla en la página 15 muestra que dos terceras partes de los solicitantes consiguen empleo por medio del uso de métodos informales. Por lo general, estos empleos no son anunciados y forman parte del mercado "oculto" de empleos. ¿Cómo se consiguen?

Existen dos métodos informales básicos de búsqueda de trabajo: **establecer contactos con personas que usted conoce y ponerse en contacto directo con un empleador.** Ambos están basados en la regla más importante para la búsqueda de empleo:

> ***¡No espere a que se abra una vacante para el empleo!***

La mayor parte de los empleos son otorgados a alguien al que el empleador conoce antes de que la vacante sea formalmente "abierta." De esta manera el secreto es conocer a las personas que pueden contratarlo antes de que el empleo esté disponible. En lugar de decir, "¿Tiene alguna vacante para empleo?", diga "Sé que probablemente no halla vacantes ahora, pero de todas maneras me gustaría hablar con usted sobre la posibilidad de futuras vacantes."

Traditional Job Search Methods

- **Help Wanted Ads:** Everyone who reads the paper knows about these job openings. So competition for these jobs is fierce. Still, some people do get jobs this way, so go ahead and apply. Just be sure to spend most of your time using more effective methods.
- **The State Employment Service:** Often called the "Unemployment Office," offers free job leads. Only about 5 percent of all job seekers get their jobs here. This service usually knows of only one-tenth (or fewer) of the available jobs in your area. Still, it is worth a weekly visit. If you ask for the same counselor, you might impress them enough to remember you and refer you to the better openings.
- **Private Employment Agencies:** One out of 20 job seekers get their jobs using a private agency. This means that 95 percent don't. They charge a fee to either you (as high as 20 percent of your annual salary!) or the employer. Most of them call employers asking if they have any openings—something you could do yourself. Unless you have skills that are in high demand, you will probably do better on your own. And save money...
- **Sending Out Resumes:** One survey found that you would have to mail more than 500 unsolicited resumes to get one interview! A much better approach is to contact the person who might hire you by phone to set up an interview directly, then send a resume. If you insist on sending out unsolicited resumes, do this on weekends—save your "prime time" for more effective job search techniques.
- **Filling Out Applications:** Most applications are used to screen you out. Larger organizations may require them, but remember that your task is to get an interview, not fill out an application. If you do complete them, make them neat, error free, and do not include anything that could get you screened out. If necessary, leave a problem section blank. It can always be explained after you get an offer.
- **Personnel Departments:** Hardly anyone gets hired by someone in a personnel department. Their job is to screen you and refer the "best" applicants to the person who would actually supervise you. You may need to cooperate with them, but it is often better to go directly to the person who is most likely to supervise you even if there is no job opening just now.

Remember that most organizations don't even have a personnel office—only the larger ones!

Informal Job Search Methods

The chart on page 16 shows that two-thirds of all people get their jobs using informal methods. These jobs are often not advertised and are part of the "hidden" job market. How do you find them?

There are two basic informal job search methods: **networking with people you know and making direct contacts with an employer.** They are both based on the most important job search rule of all:

Don't wait until the job is open!

Most jobs are filled by someone the employer meets before a job is formally "open." So the trick is to meet people who can hire you before a job is available! Instead of saying "Do you have any jobs open?", say "I realize you may not have any openings now, but I would still like to talk to you about the possibility of future openings."

Desarrolle una Cadena de Contactos

Un estudio determinó que el 40 por ciento de las personas hallaron empleo a través de información proporcionada por un amigo, familiar o conocido. Desarrollar nuevos contactos es lo que se conoce como "establecer cadenas" y ésta es la manera en que funciona:

- **Prepare listas de las personas que conoce:** Prepare una lista de las personas con las que mantenga amistad, luego haga una lista separada de todos sus familiares. Estas dos listas por sí solas suman de 25 a 100 o más personas. Luego piense en otros grupos de personas con los que tenga algo en común, como gente con la que solía trabajar; personas que fueron a la escuela con usted; personas de sus grupos sociales o deportivos; miembros de su asociación profesional; ex empleados; miembros de su grupo religioso. Probablemente usted no conozca personalmente a todos, pero la mayoría le prestará ayuda si usted se la pide.
- **Póngase en contacto con ellos de manera sistemática:** Cada persona es un contacto para usted. Obviamente, algunas listas y algunas personas en estas listas serán de mayor utilidad que otras, pero casi cualquier de ellas podría ayudarlo a conseguir información sobre un empleo.
- **Preséntese de la manera correcta:** Comience con sus amigos y familiares. Llámelos y dígales que está buscando un empleo y que necesita de su ayuda. Sea tan claro como sea posible con respecto a lo que está buscando y las habilidades y calificaciones que tiene. Vea el ejemplo de la Tarjeta JIST y la guiá telefónica en las páginas 21 para ideas de presentación.
- **Pídales informaciones:** Es posible que ellos sepan de alguna vacante adecuada para usted. De ser así, pida los detalles y proceda inmediatamente. Sin embargo, lo más probable es que no tengan información, por lo que debe hacer las siguientes tres preguntas.

Tres Preguntas Mágicas para Establecer Cadenas

1. **"¿Sabes si hay vacantes para personas con mis habilidades?** Si la respuesta es no, entonces pregunte:

2. **"¿Sabes de alguien más que podría saber de alguna vacante?"** Si lo saben, pida el nombre y pregunte por alguien más. Si no conocen a nadie, entonces pregunte:

3. **"¿Sabes de alguien que pueda conocer a alguien que tenga información?"** Otra manera de preguntarlo es, **"¿Conoces a alguien que conozca a mucha gente?"** Si todo lo demás no da resultado, por lo general esto le dará un nombre.

Como Su Cadena Desarrolla

- **Póngase en contacto con estas personas y hágales las mismas preguntas:** Por cada contacto original, usted puede ampliar su cadena de conocidos en cientos de personas. Ésta se parecerá al diagrama anterior. Finalmente, alguna de estas personas lo contratará, ¡o lo referirá a alguien que lo hará!

Develop a Network of Contacts

One study found that 40 percent of all people found their jobs through a lead provided by a friend, a relative or an acquaintance. Developing new contacts is called "networking" and here's how it works:

- **Make lists of people you know:** Develop a list of anyone you are friendly with, then make a separate list for all your relatives. These two lists alone often add up to 25 to 100 people or more. Then think of other groups of people with whom you have something in common, like people you used to work with; people who went to your school; people in your social or sports groups; members of your professional association; former employers; members of your religious group. You may not know many of these people personally, but most will help you if you ask them.
- **Contact them in a systematic way:** Each of these people is a contact for you. Obviously, some lists and some people on those lists will be more helpful than others, but almost any one of them could help you find a job lead.
- **Present yourself well:** Start with your friends and relatives. Call them up and tell them you are looking for a job and need their help. Be as clear as possible about what you are looking for and what skills and qualifications you have. Look at the sample JIST Card and phone script on pages 22 for presentation ideas.
- **Ask them for leads:** It is possible that they will know of a job opening just right for you. If so, get the details and get right on it! More likely, however, they will not, so here are three questions you should ask.

Three Magic Networking Questions

1. **"Do you know of any openings for a person with my skills?"** If the answer is no, then ask:

2. **"Do you know of someone else who might know of such an opening?"** If they do, get that name and ask for another one. If they don't, then ask:

3. **"Do you know of anyone who might know of someone else who might?"** Another way to ask this is, **"Do you know someone who knows lots of people?"** If all else fails, this will usually get you a name.

How Your Network Expands

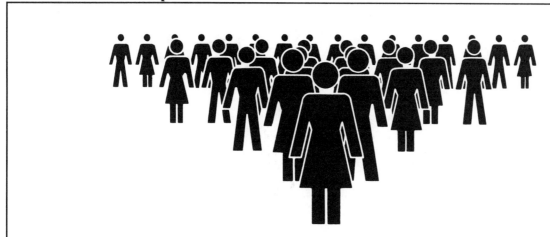

- **Contact these referrals and ask them the same questions:** For each original contact, you can extend your network of acquaintances by hundreds of people. It will look like the previous chart. Eventually, one of these people will hire you—or refer you to someone who will!

Establezca Contacto Directamente con los Empleadores

Se necesita coraje, pero establecer contacto con un empleador directamente es una técnica de búsqueda de empleo muy efectiva. Use las Páginas Amarillas para identificar los tipos de organizaciones que podrían emplear a una persona con sus habilidades. Luego llame a las organizaciones en su lista y pida hablar con la persona que probablemente sea la que lo contrate. En la página 21 hay una guiá telefónica que le dará ideas de que puede decir.

También puede acudir personalmente y pedir hablar con la persona encargada. Esto es particularmente efectivo en pequeñas empresas, pero también funciona sorprendentemente bien en las más grandes. Recuerde, usted desea una entrevista aunque por el momento no hayan vacantes. Si el momento en que llega no es conveniente, pida una cita para un mejor momento para regresar para una entrevista.

Donde Están los Empleos

Alrededor de dos tercios de los empleos nuevos son creados actualmente por negocios pequeños. Mientras que las corporaciones mayores han reducido el número de empleados, las pequeñas empresas han estado creando hasta el 80 por ciento de los nuevos empleos. También hay muchas oportunidades para conseguir capacitación y promociones en las organizaciones más pequeñas. Muchas ni siquiera tienen departamentos de personal, de manera que las técnicas no tradicionales de búsqueda de empleo son particularmente efectivas con ellas.

Donde las Personas Trabajan

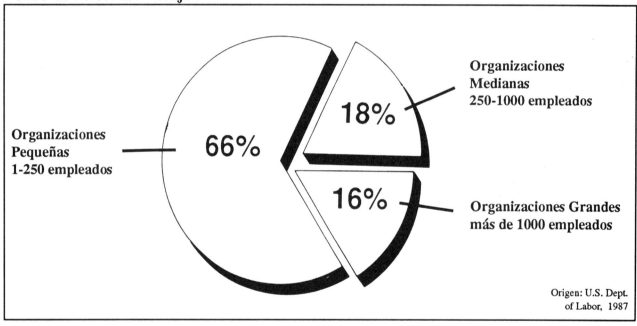

Organizaciones Medianas 250-1000 empleados — 18%

Organizaciones Pequeñas 1-250 empleados — 66%

16% — Organizaciones Grandes más de 1000 empleados

Origen: U.S. Dept. of Labor, 1987

Tarjetas JIST

Este es un instrumento de búsqueda de empleo que da resultados. Una Tarjeta JIST, mecanografiada, impresa o inclusive pulidamente manuscrita en una tarjeta de 3" x 5", contiene la información esencial que la mayoría de los empleadores desean saber. Vea los ejemplos de tarjetas que ofrecemos a continuación:

Contact Employers Directly

It takes more courage, but contacting an employer directly is a very effective job search technique. Use the Yellow Pages to identify types of organizations that could use a person with your skills. Then call the organizations listed and ask to speak to the person who is most likely to hire you. There is a sample telephone script on page 22 to give you ideas about what to say.

You can also just walk in and ask to speak to the person in charge. This is particularly effective in small businesses, but it works surprisingly well in larger ones, too. Remember, you want an interview even if there are no openings now. If your timing is inconvenient, ask for a better time to come back for an interview.

Where the Jobs Are

About two-thirds of all new jobs are now created by small businesses. While the largest corporations have reduced the number of employees, small businesses have been creating as many as 80 percent of the new jobs. There are many opportunities to obtain training and advance in smaller organizations, too. Many do not even have a personnel department, so non-traditional job search techniques are particularly effective with them.

Where People Work

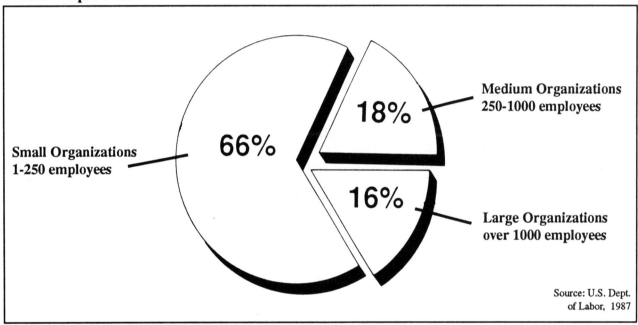

Small Organizations 1-250 employees — 66%

Medium Organizations 250-1000 employees — 18%

Large Organizations over 1000 employees — 16%

Source: U.S. Dept. of Labor, 1987

JIST Cards

This is a job search tool that gets results. Typed, printed or even neatly written on a 3" x 5" card, a JIST Card contains the essential information most employers want to know. Look at the sample cards that follow:

Sandy Zaremba

Casa: (219) 232-7608   Mensajes: (219) 234-7465
Cargo: Trabajo general de oficina

Más de dos años de experiencia laboral, además de un año de capacitación en prácticas de oficina. 55 palabras por minuto en mecanografía, capacitación en operaciones de procesamiento de textos, teneduría de libros, contabilidad y labores relacionados. Responsable de depósitos diarios por un promedio do $5,000. Buenas relaciones interpersonales. Puede cumplir con estrictos plazos y se conduce bien bajo presión.

Dispuesto a trabajar en diferentes horarios.

Organizada, honesta, confiable y trabajadora.

THOMAS WELBORN   Casa: (602) 253-9678
                                                            Dejar mensajes: (602) 257-6643

OBJETIVO: Electrónica — instalación, mantenimiento y ventas

HABILIDADES: Cuatro años de experiencia laboral además de dos años de capacitación avanzada en electrónica. Grado asociado en Electrónica. Tecnología de Ingeniería. Administré una empresa de $300,000 anuales, cuando acudía a la escuela a tiempo completo, con calificaciones en el cuarto mayor. Familiarizado con todo equipo de importante de diagnóstico y reparación. Experiencia práctica con equipo electrónico médico, del consumidor, comunicaciones e industrial y aplicaciones. Bueno para resolver problemas y buenas habilidades de comunicación. Orientado al servicio al cliente.

Dispuesto a hacer lo que fuera necesario para que el trabajo quede completo.

¡Las Tarjetas JIST son un instrumento efectivo para la búsqueda de empleo! Repártalas entre sus amigos y contactos de la cadena. Adjúntelas a su *curriculum vitae*. Adjúntelas a notas de agradecimiento antes o después de una entrevista. Envíelas a empleadores como "una tarjeta de negocios." Úselas de muchas maneras creativas. Aun cuando puedan ser impresas o hasta manuscritas, es mejor tener 100 o más impresas, de manera que se pueda colocar muchas en circulación. Miles de solicitantes de empleos las han usado y ¡les han dado resultado!

Contactos por Teléfono

Una vez que tenga su Tarjeta JIST, es más fácil crear un "guión" de contacto telefónico basado en ésta. Adapte el guión básico para llamar a personas conocidas o a los números hallados en las *Páginas Amarillas*. Simplemente elija las categorías del índice de las *Páginas Amarillas* que podrían servir a una persona con sus habilidades. Luego pregunte por la persona que probablemente sería su supervisor y use su guión telefónico.

Aunque éste no funciona en todas las oportunidades, con práctica, la mayoría de las personas pueden conseguir una o más entrevistas en una hora haciendo estas llamadas "en frío." A continuación un ejemplo de guión telefónico basado en otra tarjeta JIST:

"Hola, mi nombre es Pam Nykanen. Estoy interesada en un empleo en administración de hoteles. Tengo cuatro años de experiencia en ventas, servicios y contabilidad en un hotel de 300 habitaciones. También cuento con un Grado Asociado en Administración de Hoteles, y un año en el Instituto Culinario Bradey. Como parte de mi trabajo allí, ayudé a duplicar los ingresos de reuniones y conferencias e incrementé los ingresos del bar en 46 por ciento. Tengo buenas habilidades para resolver problemas y mantengo buenas relaciones con otras personas. Además soy bien organizada, trabajadora y orientada a los detalles. ¿Cuándo puedo visitarlo para una entrevista?"

Sandy Zaremba

Home: (219) 232-7608   Message: (219) 234-7465
Position: General Office/Clerical

Over two years work experience plus one year of training in office practices. Type 55 wpm, trained in word processing operations, post general ledger, handle payables, receivables, and most accounting tasks. Responsible for daily deposits averaging $5,000. Good interpersonal skills. Can meet strict deadlines and handle pressure well.

Willing to work any hours

Organized, honest, reliable, and hard working

THOMAS WELBORN   Home: (602) 253-9678
                                                            Leave Message: (602) 257-6643

OBJECTIVE: Electronics — installation, maintenance and sales

SKILLS: Four years work experience plus two years advanced training in electronics. A.S. degree in Electronics Engineering Technology. Managed a $300,000/yr. business while going to school full time, with grades in the top 25 percent. Familiar with all major electronic diagnostic and repair equipment. Hands-on experience with medical, consumer, communications, and industrial electronics equipment and applications. Good problem-solving and communication skills. Customer service oriented.

Willing to do what it takes to get the job done.

JIST Cards are an effective job search tool! Give one to friends and network contacts. Attach it to a resume. Enclose one in your thank you notes before or after an interview. Leave it with employers as a "business card." Use them in many creative ways. Even though they can be typed or even handwritten, it is best to have 100 or more printed so you can put lots of them in circulation. Thousands of job seekers have used them and they get results!

Telephone Contacts

Once you have your JIST Card, it is easy to create a telephone contact "script" based on it. Adapt the basic script to call people you know or your *Yellow Pages* leads. Just pick out *Yellow Page* index categories that might use a person with your skills. Then ask for the person who is most likely to supervise you and present your phone script.

While it doesn't work all the time, with practice, most people can get one or more interviews in an hour by making these "cold" calls. Here is a phone script based on another JIST card:

"Hello, my name is Pam Nykanen. I am interested in a position in hotel management. I have four years experience in sales, catering and accounting with a 300 room hotel. I also have an Associate Degree in Hotel Management plus one year with the Bradey Culinary Institute. During my employment, I helped double revenue from meetings and conferences and increase bar revenues by 46 percent. I have good problem solving skills and am good with people. I am also well organized, hard working and detail oriented. When can I come in for an interview?"

Dedique por lo Menos 25 Horas Semanales

Los buscadores típicos de empleo pasan unas cinco horas semanales en la búsqueda de empleo propiamente dicha. ¡También están desempleados desde hace tres o más meses en promedio! Las personas que siguen los consejos de JIST dedican más tiempo a la semana para la búsqueda de empleo. Ellos también consiguen trabajo en menos de la mitad que el tiempo promedio. La clave es la administración del tiempo.

■ **Decida cuantas horas por semana dedicar a la búsqueda de empleo:** JIST sugiere por lo menos 25 horas semanales si usted está desempleado y está buscando un empleo a tiempo completo. Lo más importante es decidir cuantas horas puede dedicar a su búsqueda de empleo y cumplirlas.

DÍAS	PROGRAMA DE BÚSQUEDA DE TRABAJO	HORAS
Lunes		
Martes		
Miércoles		
Jueves		
Viernes		
Sábado		
Domingo		
TOTAL DE HORAS SEMANALES		

■ **Decida en que días buscará empleo:** ¿Cuántas horas dedicará cada día? ¿A qué hora comenzará y terminará la búsqueda en estos días? Vea el siguiente cronograma de búsqueda de empleo a continuación para ver la manera en que una persona planificó su tiempo. Establezca su propio horario en una hoja de papel o, mejor aun, compre una agenda semanal o mensual en una tienda por departamentos o de artículos para escritorio.

■ **Programe como emplear su tiempo cada día:** Esto es muy importante ya que la mayoría de los que buscan empleo halla que es difícil mantenerse productivo todos los días. Usted ya sabe los métodos más efectivos de búsqueda de empleo y debería planear pasar más de su tiempo usando estos métodos. El ejemplo de horario diario a continuación ha sido muy efectivo para las personas que lo han usado, y le dará ideas para su propio horario.

Ejemplo de Horario Diario

7:00 - 8:00 a.m.   Levántese, báñese, vístase y tome desayuno.

8:00 - 8:15   Organice su espacio de trabajo; revise el horario para entrevistas o seguimiento; actualice su horario.

8:15 - 9:00   Revise viejas informaciones para su seguimiento; desarrolle nuevas fuentes de información (anuncios, Páginas Amarillas, listas de cadenas, etc.)

9:00 - 10:00   Haga llamadas telefónicas, concierte entrevistas.

10:00 - 10:15   Tome un descanso!

10:15 - 11:00   Haga más llamadas.

11:00 - 12:00 p.m.   Haga llamadas de seguimiento, según sea necesario.

12:00 - 1:00   Receso para el almuerzo.

1:00 - 5:00   Acuda a entrevistas; contactos en frío en el campo; investigue por entrevistas en la biblioteca.

Spend At Least Twenty-Five Hours a Week

Average job seekers spends about five hours weekly actually looking for work. They are also unemployed an average of three or more months! People who follow JIST's advice spend much more time on their job search each week. They also get jobs in less than half the average time. Time management is the key.

- **Decide how many hours per week you plan to look for a job:** JIST suggests at least 25 hours per week if you are unemployed and are looking for a full time job. The most important thing is to decide how many hours you can commit to your job search and stay with it.

DAYS	JOB SEARCH SCHEDULE	HOURS
Monday		
Tuesday		
Wednesday		
Thursday		
Friday		
Saturday		
Sunday		
	TOTAL HOURS PER WEEK	

- **Decide on which days you will look for work:** How many hours will you look each day? At what time you will begin and end your job search on each of these days? Look at the sample job search schedule that follows to see how one person planned her time. Create your own schedule on a sheet of paper or, better yet, buy a weekly or monthly planner at a department store or stationery store.
- **Schedule how to spend your time each day:** This is very important since most job seekers find it hard to stay productive each day. You already know which job search methods are most effective and you should plan on spending more of your time using these methods. The sample daily schedule that follows has been very effective for people who have used it, and will give you ideas for your own schedule.

Sample Daily Schedule

7:00 - 8:00 a.m.	Get up, shower, dress, eat breakfast.
8:00 - 8:15	Organize work space; review schedule for interviews or follow ups; update schedule
8:15 - 9:00	Review old leads for follow up; develop new leads (want ads, *Yellow Pages*, networking lists, etc.)
9:00 - 10:00	Make phone calls, set up interviews
10:00 - 10:15	Take a break!
10:15 - 11:00	Make more calls
11:00 - 12:00 p.m.	Make follow up calls as needed
12:00 - 1:00	Lunch break
1:00 - 5:00	Go on interviews; cold contacts in the field; research for interviews at the library

Consiga dos Entrevistas Diarias

El aspirante promedio consigue unas cinco entrevistas al mes, lo que equivale a menos de dos entrevistas semanales. Sin embargo, para muchos aspirantes que emplean las técnicas de JIST, es fácil conseguir dos entrevistas diarias. Para conseguirlo, usted debe redefinir su concepto de lo que es una entrevista.

Una entrevista es un contacto cara a cara con cualquier persona encargada de contratar o supervisar a un empleado con sus habilidades. Estas personas sí o no podrían tener una vacante en el momento en que usted se entreviste con ellos.

Con esta definición, es mucho más fácil conseguir entrevistas. Ahora usted puede entrevistarse con todo tipo de empleadores potenciales, no sólo con aquellos que tengan una vacante abierta. Muchos aspirantes usan las Páginas Amarillas para conseguir dos entrevistas con sólo una hora de llamadas por medio del empleo del guión de contacto telefónico discutido previamente. Otros simplemente acuden a empleadores potenciales y piden una entrevista, y la consiguen. Siempre no, por supuesto, pero con bastante frecuencia.

Conseguir dos entrevistas diarias equivale a 10 a la semana, más de 40 al mes. Esto significa 800 por ciento más entrevistas que las conseguidas por el aspirante promedio. ¿Quién cree usted que recibirá más rápido una oferta de empleo?

Como Responder en una Entrevista

Esta es una lista de 10 preguntas que con más frecuencia se hacen durante las entrevistas:

1. ¿Por qué no me dice algo sobre usted mismo?
2. ¿Por qué debería contratarlo?
3. ¿Cuáles son sus puntos fuertes más importantes?
4. ¿Cuáles son sus puntos débiles más importantes?
5. ¿Cuánto desearía ganar?
6. ¿Cómo se relaciona su experiencia pasada con los empleos que tenemos aquí?
7. ¿Cuáles son sus planes para el futuro?
8. ¿Qué dirá su antiguo jefe (o sus referencias) de usted?
9. ¿Por qué busca este tipo de trabajo y por qué aquí?
10. Hábleme de su situación personal.

No contamos aquí con espacio suficiente para dar respuestas completas a todas estas preguntas. Potencialmente existen cientos más de estas preguntas. Aunque el empleador pueda hacer las preguntas para eliminar a algunos solicitantes, usted desea terminar presentando sus habilidades. En lugar de darle las respuestas a preguntas que probablemente no se le hagan, es más importante aprender una manera de responder a casi cualquier pregunta en una entrevista.

Get Two Interviews a Day

The average job seeker gets about five interviews a month, fewer than two interviews a week. Yet many job seekers using JIST techniques find it easy to get two interviews a day! To do this, you must re-define what an interview is.

An interview is face to face contact with anyone who has the authority to hire or supervise a person with your skills. They may or may not have a job opening at the time you interview with them.

With this definition, it is much easier to get interviews. You can now interview with all kinds of potential employers, not just those who have a job opening. Many job seekers use the Yellow Pages to get two interviews with just an hour of calls by using the telephone contact script discussed earlier! Others simply drop in on potential employers and ask for an unscheduled interview—and they get them. Not always, of course, but often enough.

Getting two interviews a day equals 10 a week—over 40 a month. That's 800 percent more interviews than the average job seeker gets. Who do you think will get a job offer quicker?

Answering Interview Questions

Here's a list of 10 questions asked most often during interviews:

1. Why don't you tell me about yourself?
2. Why should I hire you?
3. What are your major strengths?
4. What are your major weaknesses?
5. What sort of pay do you expect to receive?
6. How does your previous experience relate to the jobs we have here?
7. What are your plans for the future?
8. What will your former employer (or references) say about you?
9. Why are you looking for this type of position and why here?
10. Why don't you tell me about your personal situation.

We don't have the space here to give thorough answers to all of these questions. There are potentially hundreds more. While the employer may ask questions to weed some applicants out, you want to end up presenting your skills. Rather than giving you answers to questions you may not be asked, it is more important to learn an approach to answering almost any interview question.

Fórmula de Tres Pasos Para Respuestas

1. Entienda lo que realmente se le está preguntando.

Munchas preguntas en realidad tratan de determinar sus habilidades de auto-administración. Aunque rara vez son tan directas, la verdadera pregunta del empleador es con frecuencia:

- ¿Puedo depender de usted?
- ¿Es usted fácil de tratar?
- ¿Es usted un buen trabajador?
- ¿Tiene usted la experiencia y capacitación para hacer el trabajo, si lo contratamos?

2. Responda de manera breve.

- Dé cuenta de los hechos, pero...
- Preséntelos como una ventaja, no una desventaja.

3. Responda al verdadero interés presentando sus habilidades relacionadas con el trabajo.

- Base su respuesta en sus habilidades fundamentales (de las páginas 3-7).
- Dé ejemplos que sustenten lo que dice de sus habilidades.

Por ejemplo, si un empleador dice, "Estamos buscando a alguien con mayor experiencia en este campo. ¿Por qué deberíamos considerarlo?"

Ésta es una repuesta posible: "Estoy seguro de que hay gente con mayor experiencia, pero yo tengo más de seis años de experiencia laboral, incluyendo tres años de capacitación avanzada y experiencia directa empleando los últimos métodos y técnicas. Debido a que mi capacitación es reciente, estoy abierto a nuevas ideas y estoy acostumbrado a trabajar duro y a aprender con rapidez."

No importa cuál sea su situación, ¡aprenda a usarla para su provecho! Use el proceso de tres pasos para practicar el proceso de su entrevista. ¡Éste funciona!

Reglas de Vestimenta y Arreglo Personal

Si causa una primera impresión negativa, no tendrá una segunda oportunidad de lograr una buena. De manera que haga todo lo posible para causar una buena impresión. Una regla buena para vestirse para una entrevista es:

Vístase como usted crea que el jefe se viste, pero más ordenado.

¡Vístase para triunfar! Si es necesario, busque ayuda para elegir un traje para la entrevista de alguien que se vista bien. Preste mucha atención a su arreglo personal. Los materiales escritos deben estar en orden y libres de errores, ya que éstos también causan una impresión.

Seguimiento de Todos los Contactos

La gente que mantiene contacto periódico con empleadores potenciales y con otras personas en su cadena consigue empleos con mayor rapidez que aquellos que no lo hacen. Éstas son las tres reglas:

1. Envíe una nota de agradecimiento a todas las personas que lo ayuden en su búsqueda de empleo.

2. Envíe la nota de agradecimiento antes de que pasen 24 horas del momento de su entrevista.

3. Desarrolle un sistema de seguimiento de "buenos" contactos.

The Three Step Answer Formula

1. Understand what is really being asked.

Most questions are really trying to find out about your self-management skills. While they are rarely this blunt, the employer's real question is often:

- ■ Can I depend on you?
- ■ Are you easy to get along with?
- ■ Are you a good worker?
- ■ Do you have the experience and training to do the job if we hire you?

2. Answer the question briefly.

- ■ Acknowledge the facts, but...
- ■ Present them as an advantage, not a disadvantage.

3. Answer the real concern by presenting your related skills.

- ■ Base your answer on your key skills (from the lists you did on pages 4-8).
- ■ Give examples to support your skills statements.

For example, if an employer says, "We were looking for someone with more experience in this field. Why should we consider you?"

Here is one possible answer: "I'm sure there are people who have more experience, but I do have over six years of work experience including three years of advanced training and hands-on experience using the latest methods and techniques. Because my training is recent, I am open to new ideas and am used to working hard and learning quickly."

Whatever your situation, learn to use it to your advantage! Use the three step process to practice your interview process. It works!

Dress and Grooming Rule

If you make a negative first impression, you won't get a second chance to make a good one. So do everything possible to make a good impression. A good rule for dressing for an interview is:

Dress like you think the boss will dress—only neater.

Dress for success! If necessary, get help selecting an interview outfit from someone who dresses well. Pay close attention to your grooming, too. Written things like correspondence and resumes must be neat and error-free since they create an impression as well.

Follow Up on All Contacts

People who follow up with potential employers and with others in their network get jobs faster than those who do not. Here are three rules:

1. Send a thank you note to every person who helps you in your job search.

2. Send the thank you note within 24 hours after you speak with them.

3. Develop a system to follow up on "good" contacts.

Notas de Agradecimiento

Las notas de agradecimiento pueden ser manuscritas o escritas a máquina en un papel agradable y que haga juego con los sobres. Hágalas simples, ordenadas y libres de errores.

2234 Riverwood Ave.
Philadelphia, PA 17963
16 de abril de 1992

Sra. Helen A. Colcord
Henderson & Associates, Inc.
1801 Washington Blvd., Suite 1201
Philadelphia, PA 17963

Estimada Sra. Colcord:

Gracias por compartir hoy su tiempo conmigo de manera tan generosa. Realmente aprecio haber visto su moderno equipo de computadoras.

Sus consejos ya han resultado muy útiles. Tengo una cita para ver al señor Robert Hopper el viernes. Como usted lo predijo, él planea añadir más operadores de computadoras en los próximos meses.

Si usted piensa en alguien que podría necesitar a una persona como yo, estoy adjuntando otra Tarjeta JIST. Le dejaré saber como resulta la entrevista con el señor Hopper.

Sinceramente,
William Richardson

Tarjetas de Búsqueda de Empleo

Use una tarjeta simple de 3" × 5" para mantener información esencial de cada persona en su cadena. Compre un archivo de tarjetas de 3" × 5" y marcas para cada día del mes. Ordene las tarjetas bajo la fecha en que debe contactar a la persona, y el resto es fácil. Me he dado cuenta de que mantener un buen contacto cada dos semanas puede ser una gran ventaja. Ésta es una tarjeta de ejemplo.

Organización: _____

Contacto:_____Número Telefónico:_____

Origen: _____

Notas: _____

_____

_____

_____

_____

Thank-You Notes

Thank you notes can be hand written or typed on nice paper and matching envelopes. Keep them simple, neat and error-free. Here's a sample:

2234 Riverwood Ave.
Philadelphia, PA 17963
April 16, 1992

Ms. Helen A. Colcord
Henderson & Associates, Inc.
1801 Washington Blvd., Suite 1201
Philadelphia, PA 17963

Dear Ms. Colcord:

Thank you for sharing your time with me so generously today. I really appreciate seeing your state-of-the-art computer equipment.

Your advice has already proved helpful. I have an appointment to meet with Mr. Robert Hopper on Friday. As you anticipated, he does intend to add more computer operators in the next few months.

In case you think of someone else who might need a person like me, I'm enclosing another JIST Card. I will let you know how the interview with Mr. Hopper goes.

Sincerely,
William Richardson

Job Lead Cards

Use a simple 3" × 5" card to keep essential information on each person in your network. Buy a 3" × 5" card file box and tabs for each day of the month. File the cards under the date you want to contact the person, and the rest is easy. I've found that staying in touch with a good contact every other week can pay off big. Here's a sample card to give you ideas to create your own:

Organization: _____

Contact Person:_____Phone: _____

Source of Lead: _____

Notes: _____

_____

_____

_____

_____

Información Esencial para la Búsqueda de Empleo

Complete esta sección con lápiz para poder hacer cambios. Llévela consigo como ayuda para llenar solicitudes. Ésta también lo ayudará a responder preguntas en entrevistas y preparar su *curriculum vitae*. ¡En todas las secciones, ponga énfasis en las habilidades y logros que fundamenten su capacidad para realizar el empleo que desea! Si es necesario, use hojas adicionales.

Logros Fundamentales

- Anote tres logros que describan de mejor manera su capacidad para logran un buen rendimiento en el tipo de empleo que desea.

    1. _____

    2. _____

    3. _____

Educación/Capacitación

- Nombre de la escuela secundaria/años en que asistió:

    _____

    _____

    _____

    _____

- Cursos relacionados con su objetivo de empleo:

    _____

    _____

    _____

    _____

- Actividades extracurriculares/pasatiempos/actividades de recreo:

    _____

    _____

    _____

    _____

- Logros/cosas que ha hecho bien (dentro o fuera de la escuela):

    _____

    _____

    _____

    _____

Essential Job Search Data

Complete this section in pencil to allow changes. Take it with you to help in completing applications. It will also help in answering interview questions and resume writing. In all sections, emphasize the skills and accomplishments that best support your ability to do the job you want! Use extra sheets as needed.

Key Accomplishments

■ List the three accomplishments which best prove your ability to do well in the kind of job you want.

1. _____

2. _____

3. _____

Education/Training

■ Name of high school(s)/years attended:

_____

_____

_____

_____

■ Subjects related to job objective:

_____

_____

_____

_____

■ Extracurricular activities/hobbies/leisure activities:

_____

_____

_____

_____

■ Accomplishments/things you did well (in or out of school):

_____

_____

_____

_____

■ Escuelas a las que asistió después de la secundaria, años, grados/certificados obtenidos:

_____

_____

_____

■ Cursos relacionados con su objetivo de empleo:

_____

_____

_____

■ Actividades extracurriculares/pasatiempos/actividades de recreo:

_____

_____

_____

■ Logros/cosas que ha hecho bien (dentro o fuera de la escuela):

_____

_____

_____

■ Entrenamiento militar, capacitación en el empleo o informal, como de pasatiempo, fechas de entrenamiento, tipo de certificado obtenido:

_____

_____

_____

_____

_____

■ Cosas específicas que puede hacer como resultado de lo anterior:

_____

_____

_____

_____

_____

■ Schools you attended after high school, years attended, degrees/certificates earned:

_____

_____

_____

■ Courses related to job objective:

_____

_____

_____

■ Extracurricular activities/hobbies/leisure activities:

_____

_____

_____

■ Accomplishments/things you did well (in or out of school):

_____

_____

_____

■ Military training, on-the-job or informal training, such as from a hobby, dates of training, type of certificate earned:

_____

_____

_____

_____

_____

■ Specific things you can do as a result:

_____

_____

_____

_____

_____

Trabajos y Antecedentes Como Voluntario

Anote su empleo más reciente en primer lugar, seguido de cada empleo previo. Incluya aquí también experiencia militar y trabajos no remunerados. Use hojas adicionales para cubrir todos sus empleos significativos o experiencias no remuneradas.

Cuando sea posible, proporcione cifras para sustentar lo que hizo: número de personas bajo las que prestó servicios durante un año o más, número de transacciones procesadas, incremento en el porcentaje de ventas, valor del inventario total del que usted era responsable, nómina de pagos del personal que usted supervisaba, presupuesto total del que era responsable, etc. Tanto como sea posible, mencione los resultados empleando cifras, también. Éstos pueden causar una muy buena impresión cuando se mencionan en una entrevista o se incluyen en un *curriculum vitae*.

Empleo #1

Nombre de la organización: _____

Dirección: _____

_____

Número telefónico: _____

Fechas de empleo: _____

Cargo(s): _____

Nombre del supervisor: _____

Detalles de cualquier aumento o ascenso: _____

_____

_____

Maquinaria o equipo que haya manejado: _____

_____

_____

_____

Habilidades especiales que requería este empleo: _____

_____

_____

_____

_____

Anote lo que logró o hizo bien: _____

_____

_____

_____

_____

_____

_____

Work and Volunteer History

List your most recent job first, followed by each previous job. Include military experience and unpaid work here, too. Use additional sheets to cover all your significant jobs or unpaid experiences.

Whenever possible, provide numbers to support what you did: number of people served over one or more years, number of transactions processed, percent of sales increase, total inventory value you were responsible for, payroll of the staff you supervised, total budget you were responsible for, etc. As much as possible, mention results using numbers, too. These can be very impressive when mentioned in an interview or resume!

Job #1

Name of organization: _____

Address: _____

_____

Phone number: _____

Dates employed: _____

Job title(s): _____

Supervisor's name: _____

Details of any raises or promotions: _____

_____

_____

Machinery or equipment you handled: _____

_____

_____

_____

Special skills this job required: _____

_____

_____

_____

_____

List what you accomplished or did well: _____

_____

_____

_____

_____

_____

Empleo #2

Nombre de la organización: _____

Dirección: _____

_____

Número telefónico: _____

Fechas de empleo: _____

Cargo(s): _____

Nombre del supervisor: _____

Detalles de cualquier aumento o ascenso: _____

_____

_____

Maquinaria o equipo que haya manejado: _____

_____

_____

_____

Habilidades especiales que requería este empleo: _____

_____

_____

_____

_____

Anote lo que logró o hizo bien: _____

_____

_____

_____

_____

_____

Job #2

Name of organization:_____

Address: _____

_____

Phone number: _____

Dates employed: _____

Job title(s): _____

Supervisor's name: _____

Details of any raises or promotions: _____

_____

_____

Machinery or equipment you handled: _____

_____

_____

_____

Special skills this job required: _____

_____

_____

_____

_____

List what did you accomplished or did well: _____

_____

_____

_____

_____

_____

Empleo #3

Nombre de la organización: _____

Dirección: _____

_____

Número telefónico: _____

Fechas de empleo: _____

Cargo(s): _____

Nombre del supervisor: _____

Detalles de cualquier aumento o ascenso: _____

_____

_____

Maquinaria o equipo que haya manejado: _____

_____

_____

_____

Habilidades especiales que requería este empleo: _____

_____

_____

_____

_____

Anote lo que logró o hizo bien: _____

_____

_____

_____

_____

_____

Referencias

Las mejores referencias son las proporcionadas por quienes conozcan su trabajo y dirán cosas buenas sobre usted. Esto incluye a ex supervisores, profesores, entrenadores y otros.

Póngase en contacto con sus referencias y dígales que tipo de empleo desea y por qué usted está calificado. ¡Asegúrese de revisar lo que ellos dirán sobre usted! Ya que algunos empleadores no ofrecerán referencias por teléfono o en persona, pida a sus ex empleadores que escriban una carta de referencia para usted por adelantado. Si usted tiene malas referencias de un ex empleador, negocie lo que ellos dirán sobre usted o consiga referencias por escrito de otras personas que trabajaron con usted en ese lugar. Cuando prepare su lista de referencias, asegúrese de incluir el nombre y cargo de su referencia, donde trabaja, la dirección y número telefónico de su centro de trabajo, como lo conocieron y que es lo que dirán de usted.

Job #3

Name of organization: _____

Address: _____

_____

Phone number: _____

Dates employed: _____

Job title(s): _____

Supervisor's name: _____

Details of any raises or promotions: _____

_____

_____

Machinery or equipment you handled: _____

_____

_____

_____

Special skills this job required: _____

_____

_____

_____

_____

List what you accomplished or did well: _____

_____

_____

_____

_____

_____

References

The best references are those who know your work and will say good things about you. This includes previous supervisors, teachers, coaches and others.

Contact your references and let them know what type of job you want and why you are qualified. Be sure to review what they will say about you! Since some employers will not give out references by phone or in person, have previous employers write a letter of reference for you in advance. If you have a bad reference from a previous employer, negotiate what they will say about you or get written references from other people you worked with there. When creating your list of references, be sure to include your reference's name and job title, where he or she works, their business address and phone number, how they know you, and what they will say about you.

Preparación del *Curriculum Vitae*

Ya ha aprendido que enviar su *curriculum vitae* y sentarse a esperar no es una técnica efectiva de búsqueda de empleo. Sin embargo, muchos empleadores se lo pedirán, y éste es una herramienta útil en su búsqueda de empleo. A continuación ofrecemos algunas recomendaciones básicas para crear un *curriculum vitae* superior:

- **Escríbalo usted mismo:** Está bien mirar otros *curriculum vitae* en busca de ideas, pero escriba el suyo usted mismo. Esto lo obligará a organizar sus pensamientos y sus antecedentes.
- **Hágalo libre de errores:** Un error ortográfico o gramatical creará una impresión negativa. Haga que otra persona revise su borrador final en busca de errores. ¡Luego revíselo nuevamente!
- **Haga que luzca bien:** Una copia de pobre calidad, papel barato,mala calidad de impresión o cualquier cosa que cree una pobre apariencia física impedirá al empleador apreciar el mejor *curriculum vitae* en contenido. Busque ayuda profesional para el mecanografiado e impresión si es preciso. La mayoría de las imprentas lo pueden hacer por usted.
- **Sea breve, sea relevante:** Muchos buenos *curriculum vitae* caben en una págin—pocos justifican el uso de dos o más. Incluya sólo los puntos más importantes. Use oraciones cortas y palabras de acción. Si es algo que no se relaciona o fundamenta el objetivo de empleo, ¡elimínelo!
- **Sea honesto:** No exagere sus calificaciones. Si al final consigue un empleo que no puede realizar, esto no será una ventaja para usted. La mayor parte de los empleadores lo notarán y no lo contratarán.
- **Sea positivo:** Ponga énfasis en sus logros y resultados. Éste no es lugar para ser modesto ni para mostrar sus fallas.
- **Sea específico:** En lugar de "Soy bueno para tratar a la gente," diga "Supervisé a cuatro personas en el almacén e incrementé la productividad en 30 por ciento." Cada vez que le sea posible, use cifras, como el número de personas a las que prestó servicios, el porcentaje de incremento, o el incremento en dólares.

Usted debería saber también que todos creen ser expertos en *curriculum vitae*. Cualquier cosa que usted haga, alguien le dirá que está equivocado. Por esta razón, es importante entender que un *curriculum vitae* es un instrumento de búsqueda de empleo. Nunca debe demorar o retrasar su búsqueda de empleo debido a que su *curriculum vitae* no es "lo suficientemente bueno." La mejor manera de hacer frente a la tarea es crear un *curriculum vitae* simple y aceptable tan pronto como sea posible, y luego ¡úselo! Según lo permita el tiempo, haga uno mejor si lo cree necesario.

Writing Your Resume

You have already learned that sending out resumes and waiting is not an effective job seeking technique. However, many employers will ask you for them, and they are a useful tool in your job search. Here are some basic tips to create a superior resume:

- **Write it yourself:** It's OK to look at other resumes for ideas, but write yours yourself. It will force you to organize your thoughts and background.
- **Make it error free:** One spelling or grammar error will create a negative impression. Get someone else to review your final draft for any errors. Then review it again!
- **Make it look good:** Poor copy quality, cheap paper, bad type quality or anything else that creates a poor physical appearance will turn off employers to the best resume content. Get professional help with typing and printing if necessary. Most print shops can do it all for you.
- **Be brief, be relevant:** Many good resumes fit on one page—few justify more than two. Include only the most important points. Use short sentences and action words. If it doesn't relate to and support the job objective, cut it!
- **Be honest:** Don't overstate your qualifications. If you end up getting a job you can't handle, it will not be to your advantage. Most employers will see right through it and not hire you.
- **Be positive:** Emphasize your accomplishments and results. This is no place to be too humble or to display your faults.
- **Be specific:** Rather than "I am good with people," say "I supervised four people in the warehouse and increased productivity by 30 percent." Use numbers whenever possible, such as the number of people served, percent of increase, or dollar increase.

You should also know that everyone feels they are a resume expert. Whatever you do, someone will tell you it is wrong. For this reason, it is important to understand that a resume is a job search tool. You should never delay or slow down your job search because your resume is not "good enough." The best approach is to create a simple and acceptable resume as soon as possible, then use it! As time permits, make a better one if you feel you need to.

Curriculum Vitae Cronológico Simple

Judith J. Jones
115 South Hawthorne Avenue
Chicago, Illinois 46204

(317) 653-9217 (casa)
(317) 272-7608 (dejar mensaje)

OBJETIVO DE EMPLEO

Desearía un cargo en las áreas de administración de oficina, secretarial o de empleado general. Preferiría un cargo que requiera responsabilidad y una variedad de tareas.

EDUCACIÓN Y CAPACITACIÓN

Acme Business College, Indianapolis, Indiana — Graduada del programa de un año de negocios y secretariado, 1992.

John Adams High School, South Bend, Indiana — Diploma, educación en negocios.

Ejército de E.U. — Procedimientos financieros, funciones de contabilidad.

Otros: Clases de Educación Continua y talleres en comunicación de negocios, sistemas de programación y relaciones con el cliente.

EXPERIENCIA

1991-1992 — Volví a la escuela para terminar y actualizar mis habilidades de negocios. Aprendí procesamiento de textos y otras nuevas técnicas de oficina.

1989-1991 — Procesamiento de reclamaciones, Blue Spear Insurance Co., Indianapolis, Indiana. Procesé reclamaciones médicas de clientes, usé un terminal de computadora, deberes misceláneos de oficina.

1988-1989 — Empleada de ventas, Judy's Boutique, Indianapolis, Indiana. Responsable de ventas en el mostrador, diseño de mostrador, y diversas tareas.

1984-1988 — E4, Ejército de E.U. Asignada a varias estaciones como especialista en operaciones financieras. Ascendida antes de su baja con honores.

Empleos anteriores — Trabajé a tiempo parcial y durante el verano durante la secundaria.

DATOS PERSONALES

Soy confiable, muy trabajadora y buena para tratar con otras personas.

Simple Chronological Resume

Judith J. Jones
115 South Hawthorne Avenue
Chicago, Illinois 46204

(317) 653-9217 (home)
(317) 272-7608 (leave message)

JOB OBJECTIVE

Desire a position in the office management, secretarial or clerical area. Prefer a position requiring responsibility and a variety of tasks.

EDUCATION AND TRAINING

Acme Business College, Indianapolis, Indiana — Graduate of a one year business/secretarial program, 1992.

John Adams High School, South Bend, Indiana — Diploma, business education.

U.S. Army — Financial procedures, accounting functions.

Other: Continuing Education classes and workshops in business communication, scheduling systems, and customer relations.

EXPERIENCE

1991-1992 — Returned to school to complete and update my business skills. Learned word processing and other new office techniques.

1989-1991 — Claims Processor, Blue Spear Insurance Co., Indianapolis, Indiana. Handled customer medical claims, used a CRT, filed, miscellaneous clerical duties.

1988-1989 — Sales Clerk, Judy's Boutique, Indianapolis, Indiana. Responsible for counter sales, display design, and selected tasks.

1984-1988 — E4, U.S. Army. Assigned to various stations as a specialist in finance operations. Promoted prior to honorable discharge.

Previous jobs — Held part-time and summer jobs throughout high school.

PERSONAL

I am reliable, hard working, and good with people.

Curriculum Vitae Cronológico Simple

Éste es el formato para *curriculum vitae* que la mayor parte de la gente usa. Es un *curriculum vitae* simple que presenta su experiencia previa en orden cronológico: la experiencia más reciente es colocada en primer lugar, seguida de cada empleo anterior. Vea el *curriculum* de Judith Jones en las páginas 43 y 47. Ambos son *curriculum vitae* cronológicos, pero vea que el segundo incluye algunas mejoras en comparación con el primero. El *curriculum vitae* mejorado es evidentemente mejor, pero ambos serían aceptables para la mayoría de los empleadores. A continuación ofrecemos algunas sugerencias para la preparación de su *curriculum vitae* básico:

- **Nombre:** Use su nombre formal en lugar del apodo o sobrenombre si éste suena más profesional.
- **Dirección:** Ponga su dirección completa. Incluya el código postal y evite las abreviaturas. En caso de que se mude, use la dirección de un amigo o familiar o asegúrese de incluir una dirección a la que le llegue la correspondencia.
- **Número telefónico:** Si durante el día por lo general nadie contesta a su teléfono, incluya un número alternativo en donde se le pueda dejar mensajes. Un amigo o familiar de confianza por lo general accede a hacerlo, pero usted podría conseguir una máquina contestadora. Es más probable que los empleadores traten de ponerse en contacto con usted por teléfono, de manera que es muy importante un medio confiable de ponerse en contacto con usted.
- **Objetivo de empleo:** Esto es opcional para un *curriculum vitae* muy básico pero sin embargo es importante incluirlo. Nótese que Judy mantiene abiertas sus opciones en cuanto a su objetivo. Decir "Secretaria" o "Trabajo de escritorio" podría limitarla a empleos de bajo salario, o inclusive impedirle que sea considerada para empleos que podría tomar.
- **Educación y Capacitación:** Incluya cualquier capacitación formal que haya tenido además de cualquier capacitación que fundamente el empleo que busca. Si no concluyó un diploma o programa formal, indique lo que concluyó. Incluya cualquier logro especial.
- **Experiencia previa:** El acercamiento típico es indicar empleador, cargo, fechas de empleo y responsabilidades. Pero hay mejores maneras de presentar su experiencia. Vea el *"Curriculum vitae* cronológico mejorado" para obtener ideas. La versión mejorada pone énfasis en los resultados, logros y rendimiento.
- **Información personal:** Ninguno de los ejemplos de *curriculum vitae* tiene la estatura, peso, estado civil incluidos en tantos *curriculum vitae*. ¡Esa información simplemente no es relevante! Si usted incluye alguna información personal, colóquela al final y manténgala relacionada con el empleo que desea.
- **Referencias:** No hay necesidad de incluir sus referencias. Si un empleador las necesita, se las pedirá. Si sus referencias son particularmente buenas, entonces es bueno incluirlas.

Simple Chronological Resume

This is the resume format most people use. It is a simple resume that presents previous experience in chronological order: the most recent experience is listed first followed by each previous job. Look at the resumes of Judith Jones on pages 44 and 48. Both are chronological resumes, but notice that the second resume includes some improvements over her first. The improved resume is clearly better, but both would be acceptable to most employers. Here are some tips for completing your basic resume:

- **Name:** Use your formal name rather than a nickname if it sounds more professional.
- **Address:** Be complete. Include zip code and avoid abbreviations. If you may move, use the address of a friend or relative or be certain to include a forwarding address.
- **Telephone Number:** If your home number is often left unanswered during the day, include an alternate number where a message can be left. A reliable friend or relative will usually agree to this, but you could get an answering machine. Employers are most likely to try to reach you by phone, so having a reliable way to be reached is very important.
- **Job Objective:** This is optional for a very basic resume but is still important to include. Notice that Judy is keeping her options open with her objective. Saying "Secretary" or "Clerical" might limit her to lower paying jobs, or even prevent her from being considered for jobs she might take.
- **Education and Training:** Include any formal training you've had plus any training that supports the job you seek. If you did not finish a formal degree or program, list what you did complete. Include any special accomplishments.
- **Previous Experience:** The standard approach is to list employer, job title, dates employed and responsibilities. But there are better ways of presenting your experience. Look over the "Improved Chronological Resume" for ideas. The improved version emphasizes results, accomplishments and performance.
- **Personal Data:** Neither of the sample resumes have the standard height, weight, marital status included on so many resumes. That information is simply not relevant! If you do include some personal information, put it at the bottom and keep it related to the job you want.
- **References:** There is no need to list references. If employers want them, they will ask. If your references are particularly good, it's OK to say so.

Curriculum Vitae Mejorado

Judith J. Jones
115 South Hawthorne Avenue
Chicago, Illinois 46204

(317) 653-9217 (casa)
(317) 272-7608 (mensajes)

POSICIÓN DESEADA

Busco posición que requiera excelentes habilidades administrativas y secretariales en un ambiente de oficina. La posición podría requerir una variedad de deberes incluyendo mecanografía, procesamiento de textos, funciones de contabilidad y teneduría de libros, y contacto con clientes.

EDUCACIÓN Y CAPACITACIÓN

Acme Business College, Indianapolis, Indiana. Completé un programa de un año en Administración Profesional Secretarial y de Oficina. Calificada en el tercio superior de mi clase. Cursos: procesamiento de textos, teoría de la contabilidad y sistemas, administración de tiempo, supervisión básica y otros.

John Adams High School, South Bend, Indiana. Graduada con énfasis en cursos de negocios y secretariales. Gané competencia de taquigrafía.

Otros: Educación continua por mi cuenta (Comunicación de Empresas, Relaciones con el Cliente, Aplicaciones de Computadoras, otros cursos).

EXPERIENCIA

1991-1992 — Volví a la Escuela de Negocios para actualizar mis habilidades. Seminario avanzado en contabilidad y administración de oficinas. Aprendí a operar equipo de procesamiento de textos, incluyendo Wang, IBM, DEC. Obtuve conocimiento operativo de computadoras.

1989-1991 — Procesadora de Reclamaciones, Blue Spear Insurance Company, Indianapolis, Indiana. Manejé 50 reclamaciones de seguros complejas por día —18% por encima del promedio del departamento. Recibí dos aumentos por méritos en rendimiento.

1988-1989 — Subadministradora, Judy's Boutique, Indianapolis, Indiana. Administré ventas, registros financieros, inventario, compras, correspondencia y tareas relacionadas durante la ausencia del propietario. Supervisé a cuatro empleados. Las ventas aumentaron en 15% en el período en que trabajé.

1984-1988 — Especialista Financiera (E4), Ejército de E.U. Responsable del procesamiento sistemático de 500 facturas diarias de proveedores comerciales. Entrené y supervisé a ocho personas. Diseñé un sistema interno que permitió un incremento de 15% en las facturas procesadas con una reducción de personal.

1986-1988 — Varios empleos a tiempo parcial y de verano durante la secundaria. Aprendí a tratar con clientes, a cumplir con plazos ye otras habilidades.

HABILIDADES ESPECIALES

80 palabras por minuto en máquina de escribir eléctrica, más en procesador de textos; puedo operar la mayor parte del equipo de oficina. Buena para las matemáticas.

PERSONAL

Tengo excelentes referencias, aprendo con rapidez, y estoy dispuesta a mudarme.

Improved Chronological Resume

Judith J. Jones
115 South Hawthorne Avenue
Chicago, Illinois 46204

(317) 653-9217 (home)
(317) 272-7608 (message)

POSITION DESIRED

Seeking position requiring excellent management and secretarial skills in office environment. Position could require a variety of tasks including typing, word processing, accounting/bookkeeping functions, and customer contact.

EDUCATION AND TRAINING

Acme Business College, Indianapolis, Indiana. Completed one year program in Professional Secretarial and Office Management. Grades in top 30 percent of my class. Courses: word processing, accounting theory and systems, time management, basic supervision and others.

John Adams High School, South Bend, Indiana. Graduated with emphasis on business and secretarial courses. Won shorthand contest.

Other: Continuing education at my own expense (Business Communications, Customer Relations, Computer Applications, other courses).

EXPERIENCE

1991-1992 — Returned to Business School to update skills. Advanced coursework in accounting and office management. Learned to operate word processing equipment including Wang, IBM, DEC. Gained operating knowledge of computers.

1989-1991 — Claims Processor, Blue Spear Insurance Company, Indianapolis, Indiana. Handled 50 complex medical insurance claims per day — 18 percent above department average. Received two merit raises for performance.

1988-1989 — Assistant Manager, Judy's Boutique, Indianapolis, Indiana. Managed sales, financial records, inventory, purchasing, correspondence and related tasks during owner's absence. Supervised four employees. Sales increased 15 percent during my tenure.

1984-1988 — Finance Specialist (E4), U.S. Army. Responsible for the systematic processing of 500 invoices per day from commercial vendors. Trained and supervised eight others. Devised internal system allowing 15 percent increase in invoices processed with a decrease in personnel.

1986-1988 — Various part-time and summer jobs through high school. Learned to deal with customers, meet deadlines and other skills.

SPECIAL SKILLS AND ABILITIES

80 words per minute on electric typewriter, more on word processor, can operate most office equipment. Good math skills. Accept supervision, able to supervise others. Excellent attendance record.

PERSONAL

I have excellent references, learn quickly, and am willing to relocate.

Curriculum Vitae Mejorado

Una vez que tenga un *curriculum vitae* simple, sin errores y de buena apariencia, prosiga con la búsqueda de empleo. ¡No hay razones para demorarse! Sin embargo usted podría querer crear uno mejor en su tiempo libre por las noches o en los fines de semana. Si lo hace, he aquí algunas sugerencias:

■ **Objetivo de empleo:** Los cargos por lo general limitan el tipo de empleos para los que usted será considerado. En lugar de ello, piense en el tipo de trabajo que desea hacer y descríbalo en términos más generales. En lugar de "Administrador de Restaurante," por ejemplo, diga "Administración de pequeños a medianos negocios," si para eso es lo que está calificado.

■ **Educación y Capacitación:** Los recién graduados deberían poner énfasis en su capacitación y educación recientes más que aquellos que tienen cinco años o más de experiencia relacionada con el empleo. Piense en cualquier logro especial alcanzado cuando estaba en la escuela e inclúyalo si está relacionado con el empleo. ¿Trabajó a tiempo completo mientras estuvo en la escuela? ¿Tuvo un rendimiento particularmente bueno en los cursos relacionados con el trabajo, recibió algún premio, participó en deportes?

■ **Habilidades y Logros:** Los empleadores están interesados en lo que usted ha logrado y ha hecho bien. Incluya aquellas cosas relacionadas con el buen rendimiento en el empleo que usted busca ahora. Hasta las cosas más pequeñas cuentan. Tal vez su asistencia fue perfecta, usted cumplió con un plazo muy estrecho, hizo el trabajo de otros durante vacaciones, etc. Sea específico e incluya cifras—aunque tenga que calcularlas.

■ **Cargos:** Muchos cargos no reflejan exactamente el trabajo que usted hacía. Por ejemplo, su cargo podría haber sido de "cajero," pero usted también abría la tienda, entrenaba al personal nuevo y reemplazaba al jefe durante sus vacaciones. Tal vez "Cajero jefe y sub administrador" serían más exactos. Consulte con su ex empleador si no está seguro.

■ **Ascensos.** Si usted fue ascendido o recibió buenas evaluaciones, dígalo. Un ascenso a un puesto de mayor responsabilidad puede ser considerado como un empleo diferente.

■ **Áreas de Problemas:** Los empleadores buscan cualquier indicación de inestabilidad o falta de confiabilidad. Es muy caro contratar y entrenar a alguien que no se quedará o que no va a dar resultado. Los períodos de desempleo, empleos mantenidos por breves períodos o una falta de dirección en los empleos que tuvo son las cosas que preocupan a los empleadores. Si usted tiene alguna explicación legítima, úsela. Por ejemplo:

"1991—Continué mi educación en..."

"1992—Viajé ampliamente por todo Estados Unidos."

"1992 al presente—Trabajo independiente como pintor de almacenes."

"1993—Tuve mi primer hijo, tomé un año de licencia antes de regresar a trabajar."

Use años completos o inclusive temporadas de años para evitar mostrar un período menor que no pueda explicar con facilidad: "Primavera de 1990—Otoño 1991" no indicarán que estuvo desempleado de enero a marzo de 1990, por ejemplo.

Recuerde que un *curriculum vitae* puede causar que se le elimine, pero depende de usted que consiga la entrevista y el empleo. ¡De manera que elimine cualquier cosa que resulte negativa en su *curriculum vitae*!

Improved Chronological Resume

Once you have a simple, error-free and eye-pleasing resume, get on with your job search. There is no reason to delay! But you may want to create a better one in your spare time evenings and/or weekends. If you do, here are some tips:

- **Job Objective:** Job titles often limit the type of jobs for which you will be considered. Instead, think of the type of work you want to do and can do well and describe it in more general terms. Instead of "Restaurant Manager," for example, say "Managing a small to mid-sized business" if that is what you are qualified to do.

- **Education and Training:** New graduates should emphasize their recent training and education more than those with five years or so of recent and related work experience. Think about any special accomplishments while in school and include these if they relate to the job. Did you work full time while in school? Did you do particularly well in work-related classes, get an award, participate in sports?

- **Skills and Accomplishments:** Employers are interested in what you accomplished and did well. Include those things that relate to doing well in the job you are after now. Even "small" things count. Perhaps your attendance was perfect, you met a tight deadline, did the work of others during vacations, etc. Be specific and include numbers—even if you have to estimate them.

- **Job Titles:** Many job titles don't accurately reflect the job you did. For example, your job title may have been "cashier" but you also opened the store, trained new staff, and covered for the boss on vacations. Perhaps "Head Cashier and Assistant Manager" would be more accurate. Check with your previous employer if not sure.

- **Promotions:** If you were promoted or got good evaluations, say so. A promotion to a more responsible job can be handled as a separate job if this makes sense.

- **Problem Areas:** Employers look for any sign of instability or lack of reliability. It is very expensive to hire and train someone who won't stay or who won't work out. Gaps in employment, jobs held for short periods of time or a lack of direction in the jobs you've held are all things that employers are concerned about. If you have any legitimate explanation, use it. For example:

> "1991—Continued my education at..."
> "1992—Traveled extensively throughout the U.S."
> "1992 to present—Self-employed barn painter and widget maker."
> "1993—Had first child, took year off before returning to work."

Use entire years or even seasons of years to avoid displaying a shorter gap you can't explain easily: "Spring 1990—Fall 1991" will not show you as unemployed from January to March, 1990, for example.

Remember that a resume can get you screened out, but it is up to you to get the interview and the job. So, cut out anything that is negative in your resume!

Curriculum Vitae de Habilidades

ALAN ATWOOD
3231 East Harbor Road
Grand Rapids, Michigan 41103
Casa: (303) 447-2111 Mensajes (303) 547-8201

Objetivo: Posición de responsabilidad en ventas

Áreas de logros:
Servicio al Cliente

- Me comunico bien con todos los grupos de edad.
- Capaz de interpretar las preocupaciones del cliente para ayudarlos a encontrar los artículos que desean.
- Recibí seis premios de Empleado del Mes en tres años.

Exhibición de Mercadería

- Desarrollé habilidades de exhibición a través de capacitación en la tienda y experiencia.
- Recibí el Premio de Aprendiz Destacado para Exhibición de Juguetes Navideños.
- Arreglo de maniquíes, mesas de exhibición y organización de mercadería para venta.

Control de Inventario
y Ventas

- Mantuve y rotulé mercadería durante seis semanas de enfermedad del administrador del departamento.
- Desarrollé procedimientos de mantenimiento de archivos más efectivos.

Otras Habilidades

- Manejo de caja registradora, equipo compatible con IBM, calculadoras y máquinas de escribir electrónicas.
- Puntual, honesto, confiable y buen trabajador con iniciativa.

Experiencia: Harper's Department Store
Grand Rapids, Michigan
1991 al presente

Educación: Central High School
Grand Rapids, Michigan
Promedio de calificaciones de 3.6/4.0
Graduado con honores en Educación de Distribución.
Dos años de capacitación en ventas en Educación de Distribución.
También seguí cursos en Redacción de Negocios, Contabilidad,
Mecanografía y Procesamiento de Textos.

Skills Resume

ALAN ATWOOD
3231 East Harbor Road
Grand Rapids, Michigan 41103
Home: (303) 447-2111 Messages (303) 547-8201

Objective: A responsible position in retail sales

Areas of Accomplishment:
Customer Service

- Communicate well with all age groups.
- Able to interpret customer concerns to help them find the items they want.
- Received 6 Employee of the Month awards in 3 years.

Merchandise Display

- Developed display skills via in-house training and experience.
- Received Outstanding Trainee Award for Christmas Toy Display.
- Dress mannequins, arrange table displays, and organize sale merchandise.

Stock Control and Marketing

- Maintained and marked stock during department manager's 6 week illness.
- Developed more efficient record-keeping procedures.

Additional Skills

- Operate cash register, IBM compatible hardware, calculators, and electronic typewriters.
- Punctual, honest, reliable, and a hard-working self-starter.

Experience:

Harper's Department Store
Grand Rapids, Michigan
1991 to Present

Education:

Central High School
Grand Rapids, Michigan
3.6/4.0 grade point average
Honor Graduate in Distributive Education
Two years retail sales training in Distributive Education. Also courses in Business Writing, Accounting, Typing, and Word Processing.

Curriculum Vitae de Habilidades

LILI LI LU
1536 Sierra Way • Piedmont, California 97435 • Teléfono 436-3874

OBJETIVO
Desarrollo, Coordinación y Administración de Programas

Especialmente en una organización orientada a las personas en donde haya necesidad de asegurar amplia comunicación durante el empleo de buena planificación y fuerte administración y habilidades de persuasión para alcanzar objetivos comunitarios.

PRINCIPALES ÁREAS DE EXPERIENCIA Y HABILIDAD
Presupuesto y Administración para Desarrollo de Programa

Con un socio, establecí nueva asociación dedicada al desarrollo personal máximo y auto-realización para cada uno de sus miembros. Durante un tiempo, administré un presupuesto por un total de $285,000. Planifiqué conjuntamente el crecimiento de grupo y gastos relacionados, inversiones, programas y desarrollo de propiedades para alcanzar objetivos actuales y a largo plazo. Como resultado, las propiedades aumentaron 25 veces durante ese período, las reservas invertidas aumentaron en 1200%, y los principales objetivos para los miembros han sido alcanzados.

Compra para Asegurar el Flujo de Suministros y Servicios Necesarios

Tomé la mayoría de las decisiones de compra para asegurar la máxima producción de los fondos disponibles. Mantuve un continuo inventario de mercadería para cumplir con las necesidades diarias, elegí proveedores, aseguré el desembolso adecuado para lograr una continua línea de crédito adecuada a la vez que se minimizaba los costos financieros.

Administración de Transporte

Determiné las necesidades de transporte de grupo. Aseguré el máximo empleo de un limitado equipo de transporte. Arreglé cuatro importantes traslados de todas las instalaciones, mobiliario y equipo a nuevas localidades, dos a través del país.

Otras Funciones Realizadas

Administración de crisis, preparación de propuestas, análisis político, nutrición, planificación y administración de recreación, operaciones de bolsa de valores, impuestos, organización comunitaria, administración de asuntos sociales (incluyendo entretenimiento para personas muy importantes), jardinería paisajística (dos premios a la excelencia), negociación de contratos, enseñanza y más.

ALGUNOS RESULTADOS ESPECÍFICOS
La experiencia mencionada fue ganada en 20 años dedicados al desarrollo familiar y administración del hogar en sociedad con mi esposo, Harvy Wangchung Lu, quien es igualmente responsable de los resultados producidos. Logros principales: Lee, hijo de 19 años, estudiante destacado de física en Harvard, campeón estatal forense. Su, hija de 18, principal candidata al equipo olímpico norteamericano en gimnasia, iniciando estudios pre-legales en la Universidad de California, Berkeley. Logros secundarios: Presidenta del PTA de Piedmont High School dos años. Organicé exitosamente una protesta cívica para detener la incursión del comercialismo de Oakland en el área de Piedmont. Designada por Robert F. Kennedy como coordinadora de su campaña en Oakland.

INFORMACIÓN PERSONAL Y OTROS DATOS
Bachiller en Humanidades (Historia de Asia), Cody College, Cody, California. Altamente activa en asuntos comunitarios. He aprendido que hay una chispa de genialidad en casi todos, la cual cuando es alimentada, puede arder en un logro significativo.

¿ Adivinó usted que Lili es ama de casa?

(Adaptado de *Who's Hiring Who?* por Richard Lathrop, Ten Speed Press, 1987.)

Skills Resume

LILI LI LU
1536 Sierra Way • Piedmont, California 97435 • Telephone 436-3874

OBJECTIVE
Program Development, Coordination & Administration

Especially in a people-oriented organization where there is a need to assure broad cooperation through the use of sound planning and strong administration and persuasive skills to achieve community goals.

MAJOR AREAS OF EXPERTISE AND ABILITY
Budgeting & Management for Sound Program Development

With partner, established new association devoted to maximum personal development and self-realization for each of its members. Over a period of time, administered budget totaling $285,000. Jointly planned growth of group and related expenditures, investments, programs, and development of property holdings to realize current and long-term goals. As a result, holdings increased 25 fold over the period, reserves invested increased 1200%, and all major goals for members have been achieved.

Purchasing to Assure Smooth Flow of Needed Supplies and Services

Made most purchasing decisions to assure maximum production from available funds. Maintained continuous stock inventory to meet on-going needs, selected suppliers, assured proper disbursements to achieve a strong continuing line of credit while minimizing financing costs.

Transportation Management

Determined transportation needs of group. Assured maximum utilization of limited motor pool. Arranged four major moves of all facilities, furnishings, and equipment to new locations — two across country.

Other Functions Performed

Crisis management, proposal preparation, political analysis, nutrition, recreation planning and administration, stock market operations, taxes, community organization, social affairs administration (including VIP entertaining), landscaping (two awards for excellence), contract negotiations, teaching and more.

SOME SPECIFIC RESULTS

Above experience gained in 20 years devoted to family development and household management in partnership with my husband, Harvy Wangchung Lu, who is equally responsible for results produced. Primary achievements: Son Lee, 19, honor student at Harvard majoring in physics, state forensics champion. Daughter Su, 18, leading candidate for U.S. Olympic team in gymnastics, entering pre-law studies at the U of C, Berkeley. Secondary achievements: President of Piedmont High School PTA two years. Organized successful citizen protest to stop incursion of Oakland commercialism on Piedmont area. Appointed by Robert F. Kennedy as coordinator of his campaign in Oakland.

PERSONAL DATA AND OTHER FACTS

Bachelor of Arts (Asian History), Cody College, Cody, California. Highly active in community affairs. Have learned that there is a spark of genius in almost everyone, which, when nurtured, can flare into dramatic achievement.

Did you guess that Lili is a homemaker?

(Adapted from *Who's Hiring Who?* by Richard Lathrop, Ten Speed Press, 1987.)

Curriculum Vitae de Habilidades y Combinado

No existen reglas firmes en cuanto a la manera en que usted debería preparar su *curriculum vitae*. Los formatos diferentes son importantes para personas diferentes.

Fuera del formato cronológico, el *curriculum vitae* funcional o de "habilidades" es usado con frecuencia. Este tipo pone énfasis en sus habilidades más importantes, fundamentándose en ejemplos específicos de como usted las ha empleado. Este método le permite emplear cualquier parte de sus antecedentes en apoyo de su capacidad para desempeñar el empleo que usted desea.

Aunque el *curriculum vitae* de habilidades puede ser muy efectivo, puede exigir mayor esfuerzo en su preparación. Y algunos empleadores no gustan de éstos debido a que pueden ocultar los defectos de un aspirante mejor que un *curriculum vitae* cronológico (como períodos de desempleo, falta de educación formal o experiencia no relacionada con el empleo).

Sin embargo, un *curriculum vitae* de habilidades puede ser apropiado para usted. Vea los ejemplos en la página 43-57 para obtener ideas. Note que él de la página 57 incluye elementos de uno de habilidades y de uno cronológico. Éstos son llamados *curriculum vitae* combinados—un método que es apropiado si usted tiene antecedentes positivos de empleos previos o educación y capacitación.

Skills and Combination Resumes

There are no firm rules on how you should do your resume. Different formats make sense for different people.

Besides the chronological format, the functional or "skills" resume is often used. This resume emphasizes your most important skills, supported by specific examples of how you have used them. This approach allows you to use any part of your life history to support your ability to do the job you want.

While the skills resume can be very effective, it does require more work to create. And some employers don't like them because they can hide a job seeker's faults better than a chronological resume (such as job gaps, lack of formal education or no related work experience).

Still, a skills resume may make sense for you. Look over the sample resumes on pages 52-58 for ideas. Notice that the resume on page 58 includes elements of a skills and a chronological resume. These are called "combination" resumes—an approach that makes sense if your previous job history or education and training is a positive.

Curriculum Vitae Combinado

Thomas Welborn

637 Wickham Road   Casa: (602) 253-9678
Phoenix, AZ 85009   Dejar mensajes: (602) 257-6643

OBJETIVO DE EMPLEO

Posición en la industria electrónica que requiera habilidades en el diseño, venta, instalación, mantenimiento y reparación de equipos de audio, vídeo y otros equipos electrónicos avanzados. De preferencia trabajos que necesiten de habilidad para resolver problemas de manera creativa y contacto con el cliente.

EDUCACIÓN

ITT TECHNICAL INSTITUTE *Phoenix, AZ* *Grado Asociado,* *Tecnología de* *Ingeniería Electrónica* *1987-al presente*	Terminé un grado asociado integral de dos años, cuyo plan de estudios incluya más de 2,000 horas de clase y laboratorio avanzado. Conocimiento electrónico práctico de audio y amplificadores RF, circuitos de trasmisor-receptor AM/FM, amplificadores OP, comunicaciones por microondas y radar, circuitos digitales, y mucho más. Asistencia excelente cuando trabajaba a tiempo parcial para pagar la matrícula. Graduado en el cuarto superior.
PLAINS JR. COLLEGE *Phoenix, AZ*	Cursos incluyeron electrónica digital, programación, negocios y 1986 apliaciones para computadoras. Trabajé a tiempo completo y mantuve un promedio de B+.
DESERT VIEW H.S. *Graduado en 1984*	Cursos de preparación para la universidad incluyendo matemáticas avanzadas, negocios, despensa, ventas, orientación a computadoras y programación en lenguaje Basic. Muy activo en deportes escolares. National Jr. Honor Society durante dos años.

HABILIDADES

SOLUCIÓN DE PROBLEMAS: Familiarizado con la teoría subyacente en la mayoría de los sistemas electrónicos y soy particularmente fuerte en aislar problemas mediante el uso de la lógica y la persistencia. Disfruto del desafío de resolver problemas complejos y trabajaré largas horas, de ser necesario, para lograrlo en un plazo determinado.

INTERPERSONAL: He supervisado a cinco personas y entrenado a muchas más. Me siento cómodo en las comunicaciones entre dos personas y pequeños grupos. Puedo explicar asuntos técnicos de manera simple a los clientes en varios niveles de complejidad. Logré más de 10,000 contactos con clientes en un trabajo sin ninguna queja y varias felicitaciones por escrito.

TÉCNICO: Antecedentes en una variedad de áreas técnicas incluyendo equipo médico, electrónica de consumidor, computadoras, registradoras automáticas, fotocopiadoras, equipo de oficina y computadoras típicas y periféricas. He diseñado circuitos lógicos especiales de aplicación combinacional y secuencial usando lógica TTL. Construí un microprocesador Z-80 y escribí varios programas en lenguaje Machine para este sistema. Puedo diagnosticar y reparar problemas en circuitos digitales y analógicos.

ORGANIZACIONAL: He establecido y dirigido mi propia pequeña empresa y trabajado en otro empleo de responsabilidad cuando iba a la escuela a tiempo completo. Gané dinero suficiente para vivir de manera independiente y pagué todos mis gastos escolares durante este tiempo. Puedo trabajar independientemente y he aprendido a usar mi tiempo de manera eficiente.

EXPERIENCIA

BANDLER'S INN: 1991-al presente. Camaero, ascendido a administrador nocturno. Completa responsabilidad de todas las operaciones de un turno que producía más de $300,000 en ventas anuales. Supervisé a cinco empleados a tiempo completo y tres a tiempo parcial. El rendimiento mejoró durante mi permanencia en 35 por ciento y las ganancias en 42 por ciento, en gran parte debido a las referencias de clientes satisfechos.

FRANKLIN HOSPITAL: 1990-91. Asistente de Técnico de Servicio Electrónico. Trabajé en Departamentos Médicos, Físicos y Electrónicos. Asistí a técnicos en servicio de rutina y mantenimiento de una variedad de equipo de hospitales. A tiempo parcial cuando iba a la escuela.

TOM'S YARD SERVICE: 1988-1992. Establecí una pequeña empresa cuando iba a la escuela. Trabajé a tiempo parcial y durante los veranos arreglando jardines. Gané dinero suficiente para comprar un auto y ahorré para pagar mis estudios.

The Combination Resume

Thomas Welborn

637 Wickham Road
Phoenix, AZ 85009

Home: (602) 253-9678
Leave Message: (602) 257-6643

JOB OBJECTIVE

Position in the electronics industry requiring skills in the design, sale, installation, maintenance, and repair of audio, video, and other advanced electronics. Prefer tasks needing creative problem-solving skills and customer contact.

EDUCATION

ITT TECHNICAL INSTITUTE
Phoenix, AZ
A.S. Degree,
Electronics Engineering
Technology
1987- present

Completed a comprehensive, two-year curriculum including over 2,000 hours of class and advanced laboratory. Theoretical, practical and hands-on knowledge of audio and RF amplifiers, AM/FM transmitter-receiver cirucits, OP amplifiers, microwave and radar communications, digital circuits, and much more. Excellent attendance while working part time to pay tuition. Graduating in top 25%.

PLAINS JR. COLLEGE
Phoenix, AZ

Courses included digital electronics, programming, business, and 1986 computer applications. Worked full time and maintained a B+ average.

DESERT VIEW H.S.
1984 graduate

College prep. courses including advanced math, business, marketing, merchandising, computer orientation, and Basic programming. Very active in varsity sports. National Jr. Honor Society for two years.

SKILLS

PROBLEM-SOLVING: Familiar with the underlying theory of most electronic systems and am particularly strong in isolating problems by using logic and persistence. I enjoy the challenge of solving complex problems and will work long hours, if necessary, to do this on a deadline.

INTERPERSONAL: Have supervised five staff and trained many more. Comfortable with one-to-one and small group communications. Can explain technical issues simply to customers of varying levels of sophistication. Had over 10,000 customer contacts in one job with no complaints and several written commendations.

TECHNICAL: Background in a variety of technical areas including medical equipment, consumer electronics, computers, automated cash registers, photocopiers, standard office and computer equipment and peripherals. Have designed special application combinational and sequential logic circuits using TTL logic. Constructed Z-80 microprocessor and wrote several machine language programs for this system. Can diagnose and repair problems in digital and analog circuits.

ORGANIZATIONAL: Have set up and run my own small business and worked in another responsible job while going to school full time. Earned enough money to live independently and pay all school expenses during this time. I can work independently and have learned to use my time efficiently.

EXPERIENCE

BANDLER'S INN: 1991-present. Waiter, promoted to night manager. Complete responsibility for all operations of a shift grossing over $300,000 in sales per year. Supervised five full-time and three part-time staff. Business increased during my employment by 35 percent and profits by 42 percent, much of it due to word of mouth advertising of satisfied customers.

FRANKLIN HOSPITAL: 1990-91. Electronic Service Technicians's Assistant. Worked in Medical, Physics, and Electronics Departments. Assisted technicians in routine service and maintenance of a variety of hospital equipment. Part time while going to school.

TOM'S YARD SERVICE: 1988-92. Set up a small business while in school. Worked part-time and summers doing yard work. Made enough money to buy a car and save for tuition.

Revista de la Búsqueda Rápida de Trabajo

Dedíquese a la búsqueda de trabajo como si se tratara de un empleo. Organícese y pase por lo menos 25 horas semanales de búsqueda activa. Siga todas las informaciones que pueda generar y envíe notas de agradecimiento. ¡Si desea conseguir un empleo rápidamente, debe conseguir muchas entrevistas!

Preste atención a todos los detalles, luego muestre su verdadera personalidad en la entrevista. Recuerde que los empleadores son también personas. Ellos contratarán a alguien que crean que hará bien el trabajo, que sea confiable, y que encaje fácilmente en su ambiente de trabajo. Cuando desee el empleo, dígale al empleador por qué deberían contratarlo. Dígale que desea el empleo y la razón. Así es fácil.

Le deseo la mejor suerte en su búsqueda de trabajo y en su vida.

The Quick Job Search Review

Go at your job search as if it were a job itself. Get organized and spend at least 25 hours per week actively looking. Follow up on all the leads you generate and send thank you notes. If you want to get a good job quickly, you must get lots of interviews!

Pay attention to all the details, then be yourself in the interview. Remember that employers are people, too. They will hire someone they feel will do the job well, who will be reliable, and who will fit easily into their work environment. When you want the job, tell the employer why they should hire you. Tell them you want the job and why. It's that simple.

I wish you well in your job search and your life.

Other Titles Available from JIST

JIST publishes a variety of books on careers and job search topics. Please consider ordering one or more from your dealer, local bookstore, or directly from JIST.

Orders from Individuals: Please use the form below (or provide the same information) to order additional copies of this or other books listed on this page. You are also welcome to send us your order (please enclose money order, check, or credit card information), or simply call our toll free number at **1-800-648-JIST** or **1-317-264-3720**. Our FAX number is **1-317-264-3709**. **Qualified schools and organizations** may request our catalog and obtain information on quantity discounts (we have over 400 career-related books, videos, and other items). Our offices are open weekdays 8 a.m. to 5 p.m. local time and our address is:

JIST Works, Inc. •720 North Park Avenue •Indianapolis, IN 46202-3431

QTY	BOOK TITLE	TOTAL ($)
_____	*Getting the Job You Really Want*, J. Michael Farr •ISBN: 0-942784-15-4 • **$9.95**	_____
_____	*The Very Quick Job Search: Get a Good Job in Less Time*, J. Michael Farr •ISBN: 0-942784-72-3 • **$9.95**	_____
_____	*America's 50 Fastest Growing Jobs: An Authoritative Information Source* • ISBN: 0-942784-61-8 • **$10.95**	_____
_____	*America's Top 300 Jobs: A Complete Career Handbook* (trade version of the *Occupational Outlook Handbook* •ISBN 0-942784-45-6 • **$17.95**	_____
_____	*America's Federal Jobs: A Complete Directory of Federal Career Opportunities* • ISBN 0-942784-81-2 • **$14.95**	_____
_____	*The Resume Solution: How to Write and Use a Resume That Gets Results*, David Swanson • ISBN 0-942784-44-8 • **$8.95**	_____
_____	*The Job Doctor: Good Advice on Getting a Good Job*, Phillip Norris, Ed.D. •ISBN 0-942784-43-X • **$5.95**	_____
_____	*The Right Job for You: An Interactive Career Planning Guide*, J. Michael Farr • ISBN 0-942784-73-1 • **$9.95**	_____
_____	*Exploring Careers: A Young Person's Guide to over 300 Jobs* • ISBN 0-942784-27-8 • **$19.95**	_____
_____	*Work in the New Economy: Careers and Job Seeking into the 21st Century*, Robert Wegmann •ISBN 0-942784-19-78 • **$14.95**	_____
_____	*The Occupational Outlook Handbook* • ISBN 0-942784-38-3 • **$16.95**	_____
_____	*The Career Connection: Guide to College Majors and Their Related Careers*, Dr. Fred Rowe •ISBN 0-942784-82-0 • **$15.95**	_____
_____	*The Career Connection II: Guide to Technical Majors and Their Related Careers*, Dr. Fred Rowe • ISBN 0-942784-83-9 • **$13.95**	_____
_____	*Career Emphasis: Making Good Decisions* • ISBN 0-942784-10-3 • **$6.95**	_____
_____	*Career Emphasis: Preparing for Work* • ISBN 0-942784-11-1 • **$6.95**	_____
_____	*Career Emphasis: Getting a Good Job and Getting Ahead* • ISBN 0-942784-13-8 • **$6.95**	_____
_____	*Career Emphasis: Understanding Yourself* • ISBN 0-942784-12-X • **$6.95**	_____
_____	*Career & Life Skills: Making Decisions* • ISBN 0-942784-57-X • **$6.95**	_____
_____	*Career & Life Skills: Knowing Yourself* • ISBN 0-942784-58-8 • **$6.95**	_____
_____	*Career & Life Skills: Your Career* • ISBN 0-942784-60-X • **$6.95**	_____
_____	*Career & Life Skills: Career Preparation* • ISBN 0-942784-59-6 • **$6.95**	_____
_____	*I Am (Already) Successful*, Dennis Hooker •ISBN 0-942784-41-3 • **$6.95**	_____
_____	*I Can Manage Life*, Dennis Hooker • ISBN 0-9427-84-77-4 • **$8.95**	_____
_____	*Young Person's Guide to Getting and Keeping a Good Job*, J. Michael Farr & Marie Pavlicko •ISBN 0-942784-34-0 • **$6.95**	_____
_____	*Job Savvy*, LaVerne Ludden• ISBN 0-94-27-84-79-0 • **$10.95**	

Subtotal _____

Sales Tax _____

Shipping: ($3 for first book, $1 for each additional book.) _____

(U.S. Currency only) **TOTAL ENCLOSED WITH ORDER** _____

(Prices subject to change without notice)

☐ Check   ☐ Money order   Credit Card: ☐ MasterCard   ☐ VISA   ☐ AMEX

Card # (if applies)_____Exp. Date_____

Name (please print) _____

Name of Organization (if applies) _____

Address_____

City/State/Zip _____

Daytime Telephone (_____)_____—_____

Thank-you for your order!